Mona Harry

Ins Blaue

MONA HARRY

INS BLAUE

20 Radtouren im Land zwischen den Meeren

3. Auflage Dezember 2025
Copyright © 2023 Klaas Jarchow Media Buchverlag GmbH & Co. KG
Hasenhöhe 26, 22587 Hamburg
www.kjm-buchverlag.de
ISBN 978-3-96194-202-2

Satz und Gestaltung: Mona Harry & Sascha Reinhold, Kiel
Karten und Fotos: Mona Harry, Kiel
Karten auf Basis von openstreetmaps.de
Cover und Umschlag: Rothfos & Gabler, Hamburg,
unter Verwendung von Zeichnungen von Mona Harry
Korrektorat: Rainer Kolbe, Hamburg
Herstellung: Svenja Wiese, Hamburg
Druck & Bindung: Scandinavian Print Group DE GmbH, Neustadt a.d. Aisch
Printed in Europe
Alle Rechte vorbehalten

Bei Fragen zur Produktsicherheit wenden Sie sich bitte an: info@jarchow-media.de

Mehr zu unseren Büchern:
www.kjm-buchverlag.de

Inhaltsverzeichnis

KEINE KÜSTE

AUSSERDEM

Touren: Überblick

WESTKÜSTE

OSTKÜSTE

KEINE KÜSTE

Flensburg ⑦

Schleswig ⑪

Eckernförde

⑧ Fehmarn
⑨

④ Husum

⑫

⑬

⑭

Rendsburg

⑮ Kiel

⑯

Grömitz

Neumünster

⑥

⑩

Itzehoe

⑰

Lübeck

Elmshorn

⑱

Norderstedt

⑲

Mölln

HAMBURG

⑳

EINLEITUNG

Ins Blaue

Aus Ufern hab ich Konturen gezeichnet
Ausufernd will ich die Linien bereisen
Drahtesel gesattelt – Ungeduld mitgenommen
Ich hab nach Wegen gefragt und hab Farbe bekommen

Blaue Stunden im Rücken – Fernwehblau im Gepäck
Und die Ziele sind in den Blau-Pausen versteckt

Blaumachen, blau sehen, blau hinter den Ohren
Im Blauton des Nebels den Fokus verschoben
Zum Blautöne sammeln ins Wetter, ins Nass
Ins Sommertags-Blau, ins Wasser, ins Watt

Wo sich Himmel und Weite in der Ferne verbinden
Da ist Ankommen oft in Bewegung zu finden

Ich hab nach Rat nicht gefragt, doch ein Fahrrad gefunden
Und dann Horizontlinien in Speichen gewunden
Mit Fahrtwind im Haar – auch an windstillen Tagen
Mein Fahrrad gibt dieser Landschaft den Rahmen

Und ich mag dieses Herbe, das Schroffe, das Raue
Ich mag diese Richtung – der Weg führt ins Blaue

Vorwort

Fahrräder

Fahrräder können vieles sein. Mit ihnen lassen sich Keller- und Wohnräume füllen. Manchmal sind sie Möbelstück und Inneneinrichtung. Sie sind Knobel- und Geschicklichkeitsspiel, wenn man versucht, ein Problem zu finden. Man kann an ihnen herumschrauben und sie verändern oder betrachten wie Gemälde an der Wand. Was ist schon ein gemütlicher Wohnraum ohne Fahrrad?

Wege

Aber natürlich kann man mit Fahrrädern auch fahren. Zum Beispiel durch Schleswig-Holstein. Eigentlich sogar besonders gut durch Schleswig-Holstein. Das landwirtschaftlich geprägte Bundesland mit seiner überwiegend flachen Landschaft eignet sich ausgezeichnet, um es per Rad zu bereisen. Es gibt viele ausgeschilderte Radwege und eine Vielzahl kleiner Nebenstraßen. Nur der Wind macht einem das Leben gelegentlich schwer.

Begeisterung

Dieses Buch erzählt von meiner Begeisterung für das Radfahren und für die Landschaft; und es soll Anregungen geben, eigene Touren zu planen.

Lieblingstouren

Dafür habe ich meine zwanzig Lieblingstouren zusammengesammelt und sie mit reichlich Karten und Notizen versehen. In den Reisetagebuch-Kapiteln erzähle ich von meinem eigenen Weg zum Fahrrad und meinen Wegen auf dem Fahrrad: Beobachtungen, Erinnerungen und Anekdoten zum Schmökern.

Distanzen

Die Streckenlängen der einzelnen Touren variieren stark. Bei den meisten längeren Touren habe ich Hinweise auf mögliche Abkürzungen beigefügt. In manchen Gegenden gibt es außerdem eine Reihe markierter Radrundwege. Auch von ihnen habe ich einige, zur weiteren Anregung, mit in Buch geholt.

Auf Zeitangaben für die Touren habe ich bewusst verzichtet, weil ich sie wenig aussagekräftig finde. Wie lang eine Tour dauert, kann aus sehr vielen Gründen stark variieren. Meist wird bei solchen Hinweisen davon ausgegangen, dass man etwa 15 bis 20 Kilometer in der Stunde fährt. Das ist natürlich machbar, aber grundsätzlich würde ich empfehlen: Planen Sie immer ungefähr doppelt so viel Zeit ein wie gedacht. Wenn dann noch Zeit übrig bleibt, gehen Sie baden oder einen Tee trinken. Je nach Wetter.

Eine weitere Empfehlung: Finden Sie vor Beginn der Tour heraus, aus welcher Richtung der Wind kommt, und wenn möglich, dann beginnen Sie die Tour gegen den Wind. Es gibt nichts Schlimmeres als plötzlichen, beißenden Gegenwind, wenn man leicht erschöpft den Rückweg antritt.

Wie genau Sie dieses Buch nutzen, liegt ganz bei Ihnen. Lassen Sie Ihrer Kreativität freien Lauf. Ich persönlich nutze solche Bücher gern, um Anregungen zu sammeln und mich für einen Ort zu entscheiden. Weil ich ungern mit einem Buch in der Hand fahre, fotografiere ich mir Übersichtskarten aus Büchern ab und orientiere mich vor Ort, indem ich einschlägige Karten-Apps nutze. Das ist meine persönliche Herangehensweise, aber es gibt natürlich viele andere Möglichkeiten. Allen, die es gern analog mögen, würde ich die ADFC-Fahrradkarten der jeweiligen Region empfehlen. Wer gern das Smartphone zur Hand nimmt, könnte die App Komoot mögen.

Zeit

Pläne

Gegenwind

Möglichkeiten

Karten

Auch für alle, die zwar Fahrräder mögen, aber gerade nicht beabsichtigen, selbst in den Sattel zu steigen, hat dieses Buch ein paar Seiten im Gepäck. In den Reisetagebuch-Kapiteln erzähle ich vom Verlauf meiner Touren, meiner Liebe zum Radfahren, meinen Blick auf Orte und Menschen und natürlich vom Gegenwind.

Fast alle Touren in diesem Buch bin ich mit einem etwas rustikaleren Rennrad und 2,8 cm breiten Reifen gefahren. Das ist machbar, doch da auf den meisten Routen auch kurze Abschnitte auf Wald- oder Sandwegen verlaufen, erhöhen etwas breitere Reifen natürlich den Komfort.

Radfahren ist, was man daraus macht, und es lässt sich viel daraus machen. Zum Beispiel ein Urlaub. Einige meiner schönsten Urlaube habe ich im Fahrradsattel verbracht. Auch davon erzählt das Buch gelegentlich.

Falls Sie selbst beabsichtigen, mal ein paar Tage am Stück zu fahren, dann könnten die ausgeschilderten Radfernwege durch Schleswig-Holstein etwas für Sie sein. Eine Übersichtskarte zu diesen Wegen finden Sie hinten im Buch. Viele dieser Fernwege lassen sich auch mit den von mir vorgestellten Touren verbinden.

Ein letzter Hinweis noch: Eine Sache lässt dieses Buch aus, und zwar die unzähligen Male, in denen ich mich verfahren habe. Sich zu verfahren gehört auf Radtouren dazu. Und auch wenn es manchmal nervt, so schlimm ist es nicht, denn egal wo Sie dabei landen, mit großer Wahrscheinlichkeit ist der Weg trotzdem schön. Also lassen Sie sich nicht entmutigen und fahren Sie einfach weiter. Ins Blaue.

FAHRRADSCHILDER
IN DER THEORIE

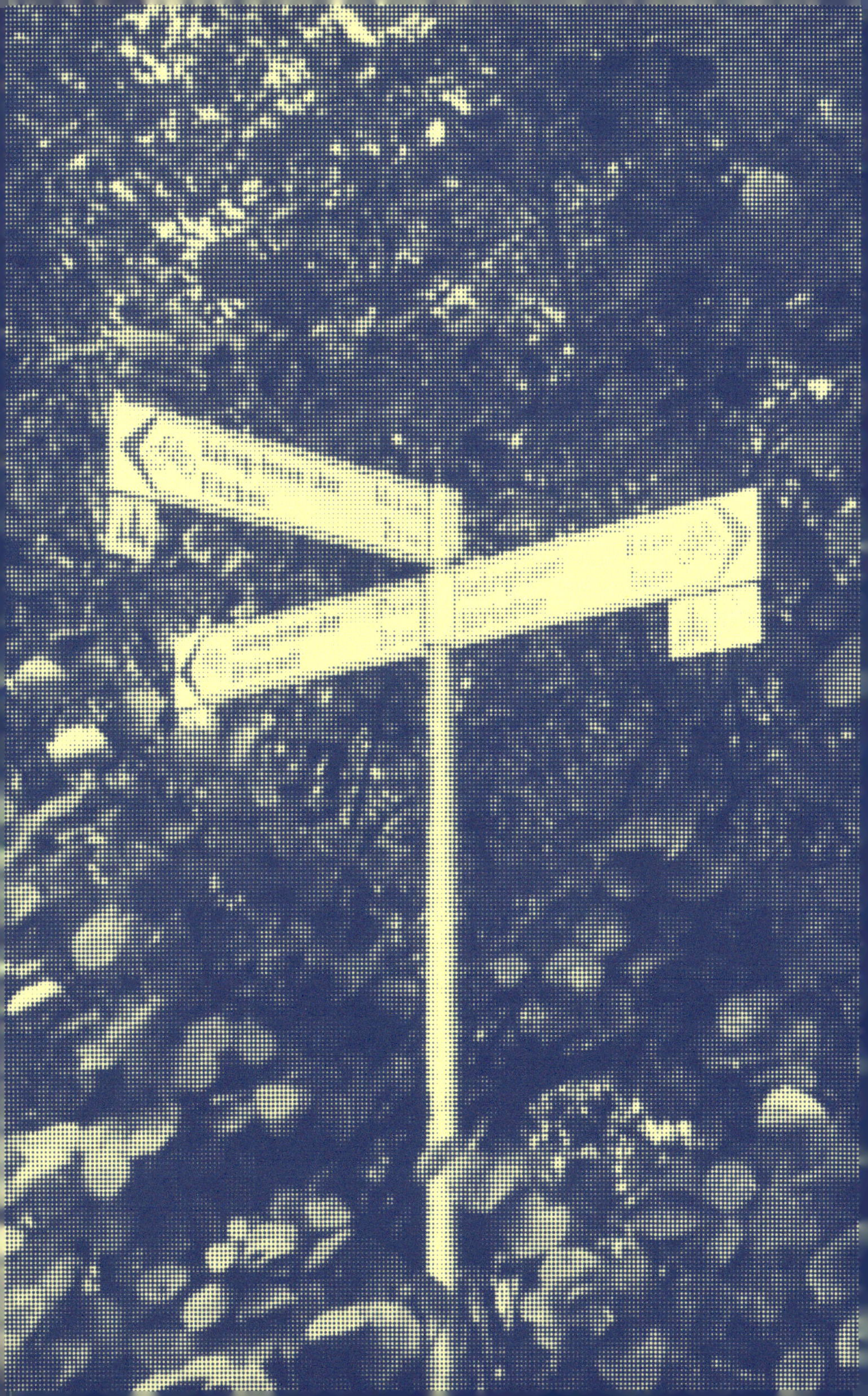

FAHRRADSCHILDER
IN DER PRAXIS

WESTKÜSTE

Sylt

Kurzbeschreibung

Bahn

Sylt ist kein Geheimtipp. Sylt kennt man: aus Songs, aus Klischees, aus den Nachrichten. Über den Hindenburgdamm ist die Insel mit dem Festland verbunden und mit der Bahn erreichbar. Auch die meisten Autos reisen mit der Bahn an.

Klischees

Sylt gilt als Insel der Reichen und der Punks und vielleicht auch der reichen Punks. Die Insel ist zweifellos teuer, aber mit Regionalzügen lässt sie sich recht günstig erreichen und es gibt auch Campingplätze und Jugendherbergen. Die Menschen, die auf Sylt arbeiten, können sich das Wohnen hier jedoch oftmals nicht mehr leisten und pendeln vom Festland aus. Darunter leidet die Insel.

Natur

Das Schönste an Sylt ist seine abwechslungsreiche Natur. Sylt hat einen Nordseestrand, wie er im Buche steht: weiße lange Sandstrände, von hohen Dünen und der tosenden Nordsee gesäumt. Auf östlicher Seite grenzt die Insel an das Wattenmeer. Das Insel-Innere ist von Wiesen, Heide und Dünenlandschaft geprägt. Wie die Immobilienmakler greift auch die Nordsee gierig nach Sylt. Das

Nordsee

Meer ist hier etwas rauer als auf anderen Inseln, das Wasser wilder, die Wellen höher. Sturmfluten graben jedes Jahr mehrere Millionen Kubikmeter Sand aus der Insel, die nur durch künstliche Sandvorspülungen in ihrer Form bewahrt werden kann.

Radwege

Sylt besitzt nur eine überschaubare Anzahl an Radwegen, aber dafür sind diese umso schöner. Am besten fährt es sich dabei auf einer ehemaligen Kleinbahntrasse, die als asphaltierter Radweg durch die Landschaft führt.

Eckpunkte

START/ZIEL:	Bahnhof Westerland
DISTANZ:	ca. 42 km
ABKÜRZUNG:	Die Busse auf Sylt nehmen auch Fahrräder mit, so könnte man die Tour auch in List beenden und den Rückweg mit dem Bus antreten
LANDSCHAFT:	Weißer Sandstrand, Dünen, Wiesen und Heide
WEGE:	Überwiegend asphaltierter Radweg auf ehemaliger Bahntrasse fernab der Straße, vereinzelt Radwege an der Landstraße und Seitenstraßen

Hinweise zum Weg

① Radweg hinter den Dünen

② Radweg auf der ehemaligen Kleinbahntrasse abseits der Straße bis kurz vor List

③ Radweg an der Landstraße bis List

④ Radweg auf asphaltiertem Deich

⑤ Hier nicht zu früh nach Süden abbiegen, Radweg an Landstraße Richtung *Ellenbogen* nehmen

⑥ Wenig befahrene Nebenstraße

⑦ Radweg neben Landstraße Richtung Braderup

⑧ Kurz nach Braderup abbiegen Richtung Munkmarsch (Wanderweg Wenningstedt-Braderup)

⑨ Fußgängerbrücke über die Straße, dann Radweg parallel zur Hauptstraße

Sehenswertes

🅐 Badestellen

🅑 Naturschutzgebiete

Ⓐ *Rotes Kliff* – 30 Meter hohe rötliche Steilküste

Ⓑ *Uwe-Düne* mit Aussichtsplattform

Ⓒ Leuchtturm *Quermarkenfeuer Rotes Kliff*

Ⓓ Erlebniszentrum *Naturgewalten*

Ⓔ Leuchttürme *List West* und *List Ost*

Ⓕ Leuchtturm *Langer Christian*

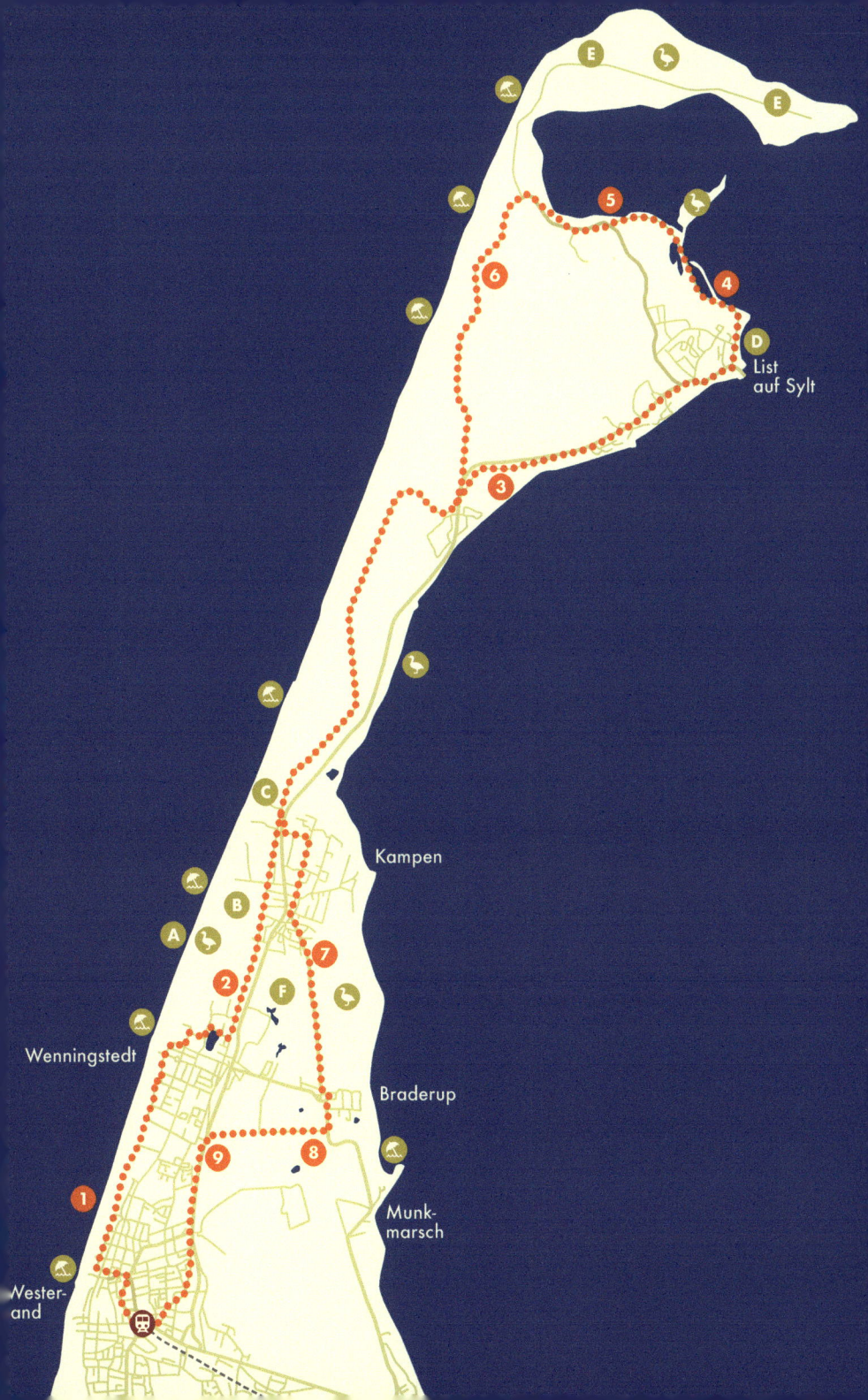

List auf Sylt

Kampen

Wenningstedt

Braderup

Munk-
marsch

Wester-
land

Reisetagebuch Sylt

Herbsttag

Als ich morgens auf mein Fahrrad steige, ist es kurz vor neun. Es ist Anfang Oktober und der Himmel hängt in den Seilen, alles grau ineinandergewunden.

Ich war schon oft auf Sylt, zu sehr unterschiedlichen Anlässen. In der Grundschule war ich auf Klassenfahrt hier, ein paar Jahre später bei einem Ferienlager und nach dem Abitur ein paar Tage mit Freunden zum Zelten, später für Auftritte in kleinen Kulturhäusern und in einem Luxushotel, das mich so sehr einschüchterte, dass ich mich während des gesamten Aufenthalts nicht aus meinem Zimmer wagte.

Schweinswale

Auf Sylt habe ich schon Schweinswale vom Strand aus gesehen und bei Mondschein ein Zelt auf dem Campingplatz in den Dünen aufgebaut. Mit meinem ersten fast richtigen Freund habe ich hier am Strand geknutscht. Sylt war die Hintergrundkulisse einer ganzen Reihe persönlicher Erlebnisse und trotzdem habe ich das Gefühl, der Insel nie wirklich nahe gekommen zu sein. Sylt hält mich auf emotionaler Distanz.

Gelegenheiten

Meine heutige Tour startet in Westerland. Gestern Abend hatte ich einen Auftritt in Wenningstedt und eigentlich bin ich ein bisschen zu erschöpft, um an diesem blaugrauen Herbsttag eine Fahrradtour an der Nordsee zu machen. Doch nun bin ich schon einmal mit meinem Fahrrad hier; die Gelegenheit will genutzt sein.

Auf Nebenstraßen fahre ich Richtung Strand und folge dem Radweg hinter den Dünen. Ich sehe das Meer nicht, aber ich kann es hören. Die Brandung wirkt auf Sylt im-

Brandung

mer etwas eindrucksvoller als auf anderen Inseln. Das Meer spielt seine Rolle mit gewissenhafter Erhabenheit. Was ist schon ein steiniger Ostseestrand mit seinen schludrigen Wellen gegen die energische Zielstrebigkeit der Sylter Brandung.

Heckenrosen

Der Radweg ist gesäumt von Heckenrosenbüschen, die zu dieser Jahreszeit nicht mehr blühen. Sie tragen ihre roten Früchte wie Ohrringe hinter den immergrünen Ohren. Als Kinder drückten wir die Früchte aus und verwendeten sie als Juckpulver, um kleine Brüder zu ärgern, bis diese sich wehrten.

Wenningstedt

Ich folge dem Radweg nach Wenningstedt und fahre durch ein Wohngebiet. Sofort fühle ich mich wie in einem Katalog für moderne Reetdachhäuser. Einige befinden sich gerade erst im Bau. Sie haben eine befremdliche Ähnlichkeit mit ihren älteren Verwandten, die sich vereinzelt hinter eingewachsene Steinmauern ducken. Doch wirken sie irgendwie anders, unförmig. Ihre Form und ihre Größe scheinen nicht zusammenzupassen. Wie Jugendliche, die zu schnell gewachsen sind, stehen sie ratlos auf den leeren Grundstücken, als wüssten sie nicht wohin mit ihren Händen.

Kleinbahntrasse

Hinter Wenningstedt fahre ich auf dem Radweg, der sich auf der ehemaligen Kleinbahntrasse durch die Landschaft zieht. Immer wieder komme ich an Strandzugängen und Aussichtsdünen vorbei, doch heute bin ich zielstrebig und fahre ohne Pause weiter Richtung Norden.

Ich komme zügig voran. Verdächtig zügig. Ich wittere

Rückenwind

Rückenwind und beschließe, ihn für den Moment zu genießen und nicht an den Rückweg zu denken.

Ich mag diesen Weg sehr. Das asphaltierte Band liegt geduldig in der Landschaft. Keine Straße, keine Autos – nur Dünen und Heide und das leise Surren des Fahrrads unter mir; es ist einfach unbestreitbar schön hier.

Radfahren ist der erste Sport, den ich wirklich mag. Das will etwas heißen, denn ansonsten gefällt Sport mir selten. Sylt war da bisher keine Hilfe. Mit zwölf war ich im Ferienlager unseres Sportvereins hier. Eigentlich war es nicht unser Sportverein, sondern der von meinen Brüdern. Ich betrieb keinen Sport im Verein und hatte nach dem Ferienlager auch nicht die geringste Lust, das zu ändern. Wir schliefen auf Strohbetten in großen Zelten und morgens um sieben wurden wir abrupt geweckt, um innerhalb weniger Minuten in Sportkleidung vor den Zelten zu erscheinen. Dann joggten wir in der Gruppe über den Strand. Diese Erfahrung hat mich zwei Dinge gelehrt: zum einen, dass ich unsportlich bin und wohl nie Spaß an Sport haben werde – zum anderen, dass Sandstrand eine tolle Sache ist, aber definitiv nicht zum Joggen.

Das Ferienlager war auch in anderer Hinsicht lehrreich. Bei den internen und sogenannten Disco-Abenden lernte ich, wie man mit Jungen tanzt: frontal zueinander aufstellen, mit gerade ausgestreckten Armen auf die Schultern oder um die Taille fassen und dann unbeholfen von einem Bein auf das andere schaukeln.

Hinter Kampen öffnet sich der Blick Richtung Wattenmeer. Danach führt der Weg durch die rötliche Heidelandschaft, struppig und sandig, eine leicht hügelige Weite. Es sind noch immer kaum Menschen unterwegs und

Ferienlager

Frühsport

Tanzen

Ausblick

die Dünen nehmen keine Notiz von mir. Radfahrer:innen, die mit verklärtem Blick die Landschaft bestaunen – das kennen sie schon.

List

Hinter List fahre ich auf dem asphaltierten Möwengrunddeich und genieße den Ausblick auf weiße Sandbänke, die Vogelschutzinsel Uthörn und das Wattenmeer. Ich fahre nicht bis ans Ende des Ellenbogens, sondern

Schafe

biege Richtung Westerland ab. In der lang gezogenen Kurve laufen Schafe frei auf der Straße und den angrenzenden Wiesen herum. Eines der Schafe steht etwas abseits und blökt vehement zu den anderen Schafen hinüber, die es souverän ignorieren.

Der Rückweg führt mich im Bogen an List vorbei und dann auf dem gleichen Weg über die ehemalige Bahn-

Gegenwind

trasse zurück. Der Gegenwind ist beißend. Ich kämpfe mich langsam voran. Kein Blick mehr für die Landschaft, nur treten, treten, treten. Ein Typ Anfang zwanzig fährt auf einem E-Roller an mir vorbei. Er trägt teure Jogginghosen und weiße Sneaker. Der Wind reibt mir sein aufdringliches Parfüm noch Minuten später unter die Nase. Hinter Kampen biege ich Richtung Braderup ab und

schwarz-weiß

komme am Leuchtturm Langer Christian vorbei. Er ist weiß, mit einer schwarzen Bauchbinde. Auf der Wiese vor ihm grasen Kühe: schwarz mit weißer Bauchbinde. Leuchtturm und Kühe invertiert. Das begeistert mich

Die Antwort

vielleicht ein bisschen mehr als angemessen. Nach 42 Kilometern Strecke schiebe ich mein Fahrrad in Westerland in den Regionalzug und trete meine Reise zurück nach Kiel an. Schade eigentlich.

Föhr

Kurzbeschreibung

Föhr erreicht man mit der Fähre von Dagebüll in etwa einer Stunde. Vom Fähranleger aus sind es dann nur noch

ein paar Schritte bis zur Promenade in Wyk, hinter der ein sanfter Sandstrand zum Baden einlädt. Am Horizont

zeichnen sich die Umrisslinien der Halligen Hooge und Langeneß ab; hinter der Promenade drängen sich kleine Geschäfte in den historischen Gassen von Wyk.

Weil der Golfstrom warmes Wasser in die Region bringt und Föhr windgeschützt hinter den umliegenden Inseln liegt, ist das Klima hier milder als auf anderen Nordseeinseln; mit *Friesischer Karibik* wirbt Föhr deshalb.

Sandstrand und ein paar Dünen gibt es auf Föhr nur im Süden. Der Rest der Insel hat eine grüne Wasserkante und ist größtenteils von einem Deich gesäumt. Im Landesinneren vergisst man schnell, dass man sich auf einer Insel befindet – hier ist die Landschaft von Feldern und Wiesen geprägt.

Meine Tour startet in Wyk und führt mich einmal um die ganze Insel herum. In Nieblum lohnt es sich, Pause zu

machen. Hier stehen viele historische Friesenkaten und auf dem Friedhof der mittelalterlichen Kirche finden sich Grabsteine, die aus früheren Walfangzeiten berichten.

ten. Im Schutzgebiet Godelniederungen reicht der Blick weit über die Salzwiesen und die Wasservögel, die hier herumstehen oder über mich hinwegfliegen. Die zweite Hälfte der Strecke führt nur noch über die asphaltierten

Wirtschaftswege des Deichs: Schafe, Vögel, Ruhe und weite Ausblicke über das Wattenmeer.

Eckpunkte

START/ZIEL: Fährhafen Wyk auf Föhr
(Mit der Bahn nach Dagebüll; mit der
Fähre von Dagebüll nach Wyk)

DISTANZ: ca. 40 km

ABKÜRZUNG: Wer eine kürzere Route bevorzugt, findet
Vorschläge auf Seite 42

LANDSCHAFT: Wiesen, Felder, Deiche, Wattenmeer

WEGE: Asphaltierte Wirtschaftswege am Deich,
Nebenstraßen, kurze Abschnitte Radwege
an Landstraßen oder Sandwege

KARTENTIPP: Fahrrad- und Wanderkarte Föhr von
Föhr Tourismus

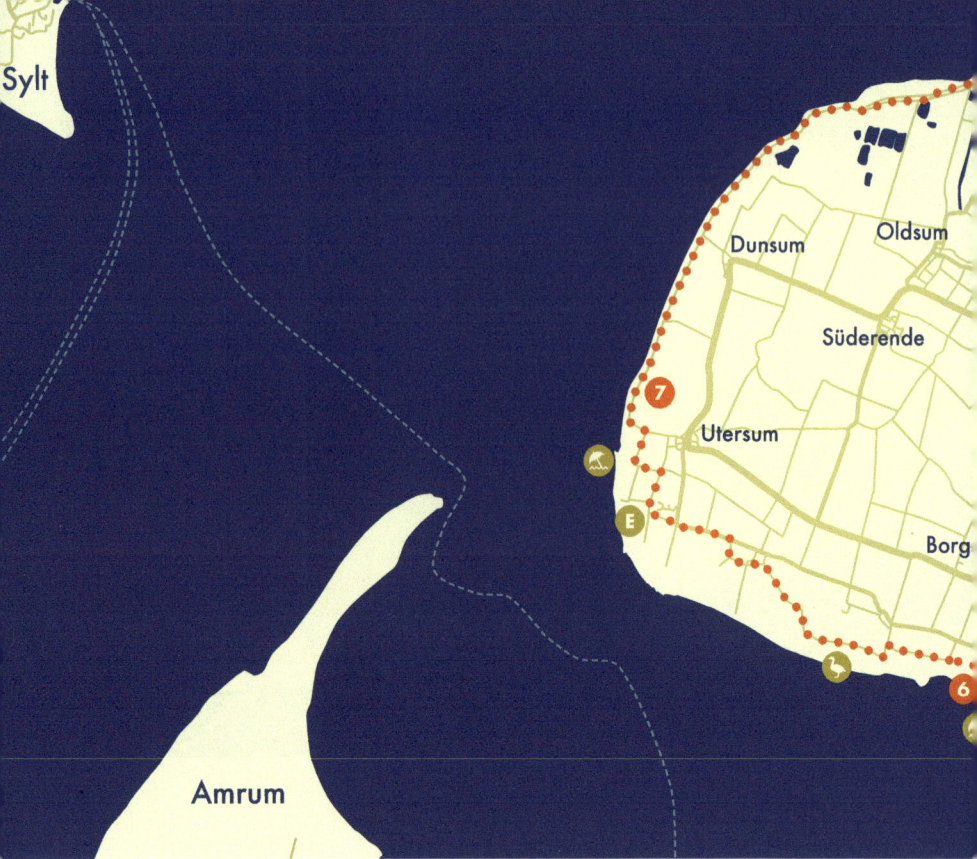

Hinweise zum Weg

1 *Badestraße* gerade herunterfahren

2 Radweg neben Straße (*Am Flugplatz*)

3 Alternativ hier den Sandweg durch Wald und Wiesen Richtung Nieblum nehmen (Seestern-Schilder)

4 Nieblum über den *Heidweg* verlassen und bis Utersum den grünen Seestern-Schildern folgen

5 Goting über die Straße *Brukswai* verlassen

6 Kurzes Stück auf kurvigem Sandweg

7 Ab hier nur noch den Wegen am Deich folgen

Sehenswertes

-  Badestellen
- Vogelschutzgebiet *Godelniederung*
- **A** *Dr.-Carl-Häberlin-Friesen-Museum* – Freilichtmuseum
- **B** *Nationalpark-Haus Föhr* – Museum über das Wattenmeer
- **C** Malerisches Friesendorf *Nieblum*
- **D** *Goting Kliff* – Steilküste
- **E** *Triibergem* drei Hügelgräber aus der Bronzezeit
- **F** Museum *Kunst der Westküste*
- **G** *Boldixumer Vogelkoje*

Ausgeschilderte Rundtouren

EILUN TOUR
ca. 40 km (Seestern)

FÖHRER ZEITZEUGEN
ca. 22 km (Helm)

KLAAR KIMMING
ca. 15 km (Wildgans)

KUNSTWEG
ca. 21 km (Bilderrahmen)

SCHLEMMERPARTIE
ca. 34 km (Korb)

Weitere Informationen
unter:
www.foehr.de/radfahren

Amrum

Kurzbeschreibung

Nordseestrände

Die Leute sagen immer, von den deutschen Nordseeinseln hätte Amrum die schönsten Strände. Die Leute haben recht. Vielleicht bin ich allerdings nicht die Richtige, um darüber zu urteilen, denn ich stehe Amrum sehr voreingenommen gegenüber. Für meine Fahrradtour war ich das erste Mal auf der Insel und ich habe mich sofort Hals über Kopf in sie verliebt. Während ich über die Insel radelte, dachte ich konzentriert darüber nach, wie ich mein Leben ändern müsste, um hier leben zu können. Der Insel war das egal. Wahrscheinlich ist sie es gewöhnt, dass sich täglich hunderte Tourist:innen in sie vergucken.

Wattenmeer

Kniepsand

Amrum ist nur etwa 15 Kilometer lang. Die Insel grenzt auf der östlicher Seite ans Wattenmeer und auf der westlichen Seite an die offene Nordsee. Der Kniepsand, wie der breite Sandstrand auf Amrum genannt wird, liegt weit und ruhig zwischen den hohen Dünen und der Nordsee. Postkartenmotive, so weit das Auge reicht.

Strecke

Meine Tour führt mich einmal um die Insel herum. Auf einem schmalen Weg direkt am Watt geht es Richtung Norden. Neben dem sandigen Weg erstreckt sich das Wattenmeer in allen Farbschattierungen von Grau. Hinter dem idyllischen Dorf Nebel geht es auf einer kleinen Asphaltstraße durch grüne Weidelandschaft bis nach Norddorf und von dort aus weiter zum Naturschutzgebiet Amrum-Odde. Der Rückweg führt hauptsächlich

Waldweg

über den Waldweg, der seinem Namen alle Ehre macht und mit einem grünen Dreieck ausgeschildert ist.

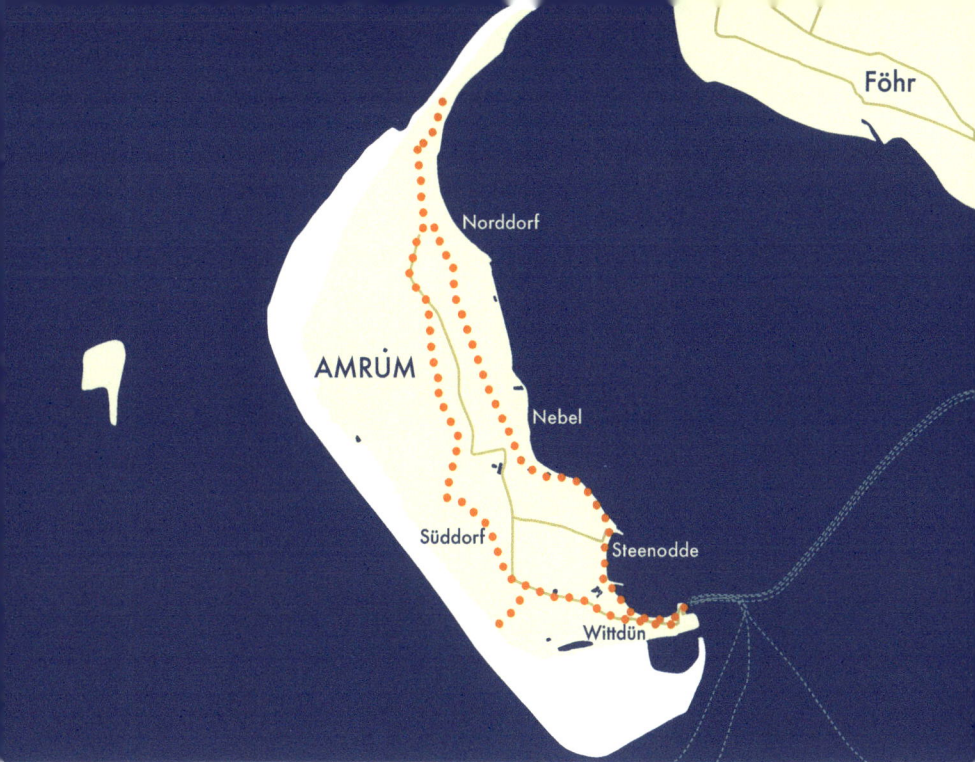

Eckpunkte

Hinweise zum Weg

1 Schmaler Rad- und Wanderweg direkt am Watt

2 Sandweg am Steenodder Kliff (teilweise schwer befahrbar)

3 Wenig befahrene, asphaltierte Nebenstraße zwischen Nebel und Norddorf

4 Asphaltierte Nebenstraße, dann Sandweg zum Naturschutzgebiet Amrum-Odde

5 Großer Fahrradparkplatz – ab hier geht es nur zu Fuß weiter (4 Kilometer Wanderung um die Nordspitze)

6 Radweg parallel zur Landstraße bis zum Waldweg

7 Der Waldweg ist ein mit grünem Dreieck markierter, gut befahrbarer Sandweg von Norddorf bis zum Leuchtturm

8 Radweg neben der Landstraße bis nach Wittdün

Sehenswertes

Naturschutzgebiete

A *Eesenhuug* – bronzezeitlicher Grabhügel

B *St. Clemens-Kirche* mit Grabsteinen aus Walfangzeiten

C *Amrumer Windmühle* mit Heimatmuseum

D *Öömrang Hüs* – Amrumer Archiv & Museum

E Aussichtsdünen

F *Amrumer Leuchtturm* – 63 Meter hoch (inklusive Düne)

G *Nationalpark-Haus Wittdün*

Föhr

5

E

4

Norddorf

6

E

7

3

Nebel

B

D

C

E

2

A

Süddorf

Steenodde

E

F

8

E

G

E

1

Wittdün

Nordstrand

Kurzbeschreibung

Wattenmeer

Die Halbinsel Nordstrand liegt grün und friedlich mitten im Wattenmeer. Schafe grasen auf den immergrünen Deichen und Vögel schnattern vereinzelt auf den Salzwiesen in der Ferne. Ansonsten Stille und Weite. Die Ruhe ist trügerisch. Wo heute Sonnenlicht auf der so zutraulich wirkenden Nordsee döst, lagen früher Dörfer

Sturmfluten

und Städte, die vom Meer verschlungen wurden. Auch die sagenumwobene Stadt Rungholt lag vor der heutigen Küste Nordstrands, bis sie im 14. Jahrhundert in einer Sturmflut unterging. Ohne den gezielten Bau von Deich-

Deiche

anlagen würde sich Nordstrand heute ebenfalls unter der Wasseroberfläche befinden.

Halbinsel

Meine Insel an Land, so wirbt die Halbinsel heute für sich, um niemanden vergessen zu lassen, dass sie einmal eine echte Insel war. Erst Anfang des 20. Jahrhunderts wurde Nordstrand durch einen künstlichen Damm mit dem Festland verbunden.

Köge

Als Koog wird ein Stück Land bezeichnet, das nur durch Eindeichung und künstliche Entwässerung dem Meer entrungen wurde. Nordstrand besteht aus sieben Kögen, die seit dem 17. Jahrhundert Stück für Stück angelegt wurden.

Strecke

Meine Tour beginnt in Husum und führt mich an der Küste entlang einmal fast ganz um Nordstrand herum. Der schönste Teil der Strecke ist dabei der Schlenker um den Beltringharder Koog mit seinen rot blühenden Salzwiesen und den zahlreichen Vögeln, die die Salzlagune bevölkern.

Eckpunkte

START/ZIEL:	Bahnhof Husum
DISTANZ:	ca. 58 km
ABKÜRZUNG:	Für eine kürzere Tour würde ich eine Runde um das Naturschutzgebiet Beltringharder Koog empfehlen
LANDSCHAFT:	Wiesen, Felder, Deiche, Salzwiesen, Wattenmeer
WEGE:	Hauptsächlich asphaltierte Wirtschaftswege vor und hinter dem Deich, sonst wenig befahrene Nebenstraßen und Radwege an Landstraßen

Hinweise zum Weg

1 Auf *Poggenburgstraße* (dann *Gaswerkstraße*) parallel zu den Bahngleisen über die Brücke zum Binnenhafen fahren

2 Hinter der Brücke links über die Gleise auf die *Dockkoog-straße* abbiegen und der Straße bis zum Dockkoog folgen

3 Am Dockkoog auf den Weg vor dem Deich fahren

4 Ab Schobüll dem Radweg an der Landstraße folgen

5 Bei Wobbenbüll links auf den Radweg neben der *Pohns-halligkoogstraße* abbiegen und über den Damm nach Nordstrand fahren

6 Links auf den asphaltierten Wirtschaftsweg am Deich abbiegen und bis Süderhafen auf dem Deichweg bleiben

12 Auf der kurvigen kleinen Asphaltstraße hinterm Deich (erst *Hattstedter Koog*, dann *Deichweg*) zurück nach Wobbenbüll fahren

13 Ab Wobbenbüll auf Radweg an der Landstraße zurück nach Husum fahren

Sehenswertes

⬤ Badestellen

⬤ Naturschutzgebiet

A *Schloss vor Husum*

B *Theodor-Storm-Haus* – Literaturmuseum über die Lebenswelt und das künstlerische Schaffen des Schriftstellers

C *Schifffahrtsmuseum Nordfriesland*

D *Windhosen* – Kunstwerk von Julia Bornefeld

E *7-Flaggen* – Kunstwerk von Tom Müller

Hinweise zum Weg

(7) In Süderhafen den Deichweg verlassen und auf dem Radweg an der *Evensbüller Chaussee* nach Herrendeich und weiter nach Süden fahren (Achtung: *Süden* ist in diesem Fall der Name des Dorfes, nicht die Himmelsrichtung)

(8) Das Dorf Süden auf der Straße *Süden* Richtung Westen (in diesem Fall ist sowohl die Himmelsrichtung als auch der Dorfname gemeint) verlassen

(9) Auf der Straße *Westen* durch das Dorf Westen hindurch fahren und anschließend der Straße vor oder hinter dem Deich bis Norderhafen und weiter nach Oben folgen

(10) Über den Damm entlang des Naturschutzgebietes *Beltringharder Koog* bis zur Schutzstation fahren – hier hat man die Wahl, vor dem Deich mit Blick auf das Wattenmeer oder hinter dem Deich mit Blick auf die Salzwasserlagune des Naturschutzgebietes *Beltringharder Koog* zu fahren (ich empfehle hier den Blick auf den Koog)

(11) Rechts auf den *Lüttmoordamm* abbiegen

Sehenswertes

(A) Badestellen

(B) Naturschutzgebiet *Beltringharder Koog*

(F) *Inselmuseum Nordstrand* – Ausstellung zur Inselgeschichte

(G) Vogelkoje *Alter Koog*

(H) *Nationalpark-Haus* mit Ausstellung der Schutzstation Wattenmeer

(I) Lorendamm nach Nordstrandischmoor

(J) Schutzstation Wattenmeer *Beltringharder Koog*

Nord-
strandisch-
moor

Nordstrand

Oben

Elisabeth-
Sophien-
Koog

Morsum-
koog

Pohnshallig-
koog

H
Norderhafen
Thormählenhof
Osterdeich
England

G
Odenbüll
Süden
Westen
9
Herrendeich

F

Süderhafen
7

J
11
I

10

Reisetagebuch Nordstrand

Spaziergehwetter

Es wird Herbst und heute ist Spaziergehwetter. Spaziergehwetter erkennt man daran, dass man mit dem Fahrrad gegen den Wind fast nicht schneller vorankommt als zu Fuß.

Husum

Ich beginne meine Tour in Husum. Das Blau lehnt sich heute sehr weit ins Grau hinüber. Das passt, wenn man bedenkt, dass Husum gern als graue Stadt am Meer bezeichnet wird. Alles imagegerecht.

Von Husum aus fahre ich an der Küste entlang Richtung Nordstrand. Hinter dem Husumer Hafen erstrecken sich große struppige Wiesen. Am Straßenrand wächst Schilf-

Schilfgras

gras, das sich im Wind der Horizontalen nähert. Es rauscht aufgebracht, während ich mich im Schritttempo an ihm vorbeikämpfe.

Deich

Am Dockkoog fahre ich auf den asphaltierten Weg vor dem Deich. Ein Kinderspielplatz steht mit nassen Füßen in einer großen Pfütze und wartet auf den nächsten Sommer. Am grünen Ufer stehen weiße Bänke. Metallene Leitern ragen aus dem Wasser und laden zu einem Abstecher in die Nordsee ein.

Baden

Eine Frau im Badeanzug geht zielstrebig über den Weg Richtung Wasser. Ihre Freundin im Daunenmantel folgt ihr und filmt die Szene lachend mit dem Handy. Wenn man bei diesem Wetter schon tapfer in die Nordsee stiefelt, dann soll es auch für die Nachwelt festgehalten werden.

Gegenwind

Im Gegenwind kämpfe ich mich weiter voran. Das Wasser spritzt verspielt über das grüne Ufer. Neben mir liegen Schafe auf den Deichen und dösen vor sich hin. Ich hätte Lust, mich dazuzulegen.

Ich bin tüchtig durchgeschwitzt. Mein Handy sagt, dass ich bisher ungefähr acht Kilometer hinter mir habe – na wunderbar, dann fehlen ja nur noch fünfzig weitere.

Zwischenstand

Alle hundert Meter durchquere ich ein Schafgatter. Wenn der Wind stark genug ist, werden die Metallrohre zu raffinierten Klanginstallationen. Die Gatter heulen und flöten und singen im Wind, als sei dies ihre eigentliche Bestimmung.

Schafgatter

Hinter Halebüll biege ich auf den vier Kilometer langen Nordstrander Damm ab, um auf die Halbinsel zu gelangen.

Das Gras zwischen Radweg und Straße ist frisch geschnitten. Ein einzelner Mann – ganz in Carharrt gekleidet – ist gerade mit einem Holzrechen dabei, das Gras alle fünf Meter zu kleinen Haufen zusammenzuharken. Drei Kilometer liegen noch vor ihm.

Sisyphos

Am Ende des Dammes biege ich hinter dem Kunstwerk „7 Flaggen" auf den Weg am Deich ab. Bis Süderhafen folge ich dem asphaltierten Weg und lasse den Blick über das Wattenmeer schweifen. Der Wind hat eine Luke in der massiven Wolkendecke geöffnet und lässt Sonnenlicht auf das Wasser rieseln.

Nordstrand

Hätte Nordstrand eine Lieblingsfarbe, es wäre die Farbe Grün. Die Halbinsel ist von grünen Deichen durchzogen und umschlossen, davor liegen grüne Salzwiesen, dahinter grüne Weiden und Felder.

Grün

In Süderhafen biege ich ins Landesinnere ab und folge dem Radweg entlang der Landstraße. In Bezug auf die

Dörfer

Benennung seiner Dörfer entspricht Nordstrand genau meinem Humor: Neben England liegt Süden, etwas südwestlich von Süden liegt Westen und folgt man der Küste dann weiter Richtung Norden kommt man nach Oben.

Westen

Als ich in Westen wieder ans Wasser komme, ist der Wind so stark, dass einige Strandkörbe umgeweht am Ufer liegen. Ich versuche, auf dem Weg vor dem Deich zu fahren, doch nachdem mich der Wind ein paar Male fast vom Fahrrad schubst, entscheide ich mich für die Straße.

Oben

Hinter Oben fahre ich auf den Damm, der hier das Naturschutzgebiet Beltringharder Koog umschließt. Der schmale Streifen Land ist auf beiden Seiten von Wasser gesäumt. Links erstreckt sich das Wattenmeer, rechts liegen große Salz- und Brackwasserlagunen. Auf beiden Seiten des Deichs gibt es einen asphaltierten Wirtschaftsweg. Ich entscheide mich für den Weg mit Blick auf den Koog. Es ist die richtige Wahl. Um mich herum grasen Schafe. Die Salzwiesen blühen in Rot- und Brauntönen.

Salzwiesen

Windräder

Hinter der Lagune drehen sich Windräder am Horizont. Ich mag Windräder. Viele ihrer Gegner argumentieren ja damit, dass sie die Landschaft verschandeln würden. Diesen Punkt kann ich persönlich nicht verstehen. Tatsächlich finde ich Windräder ausgesprochen schön. Für mich sind sie mit dem Gefühl verbunden, als Kind in den Dänemarkurlaub zu fahren.

Husum

Zurück in Husum verpasse ich knapp meinen Zug. Ich rolle zum Binnenhafen hinunter, kaufe ein Eis und setze mich an die Hafenkante. Und dann: Beine baumeln lassen.

Eiderstedt

Kurzbeschreibung

Eiderstedt

Bekannt ist die Halbinsel Eiderstedt vor allem für ihr Seebad St. Peter-Ording und den Westerhever Leuchtturm, der so manches Kalenderbild ziert. Vor St. Peter-Ording erstreckt sich mit zwölf Kilometern Länge und zwei Kilometern Breite ein weitläufiger Strand. Wie staksige Tiere stehen die bis zu sieben Meter hohen Pfahlbauten im Wind und schauen aufs Meer hinaus.

St. Peter-Ording

Pfahlbauten

Während St. Peter-Ording an Sandstrand nicht spart, ist der Rest der Halbinsel Eiderstedt vornehmlich mit einer grünen Küste versehen. Auf dem grünen Deich und den vorgelagerten Salzwiesen grasen Schafe, dahinter erstreckt sich das Wattenmeer.

Deich

Entfernt man sich vom Wasser, ist die Landschaft von großen Feldern geprägt. Kühe weiden auf struppigen Wiesen und die kleinen Dörfer zeigen sich mit ihren imposanten Haubargen – großen, typisch Eiderstedter Bauernhäusern, in denen früher Tiere und Menschen unter einem Dach wohnten.

Dörfer

Meine Fahrradtour beginne ich am Bahnhof Bad St. Peter Süd. Ich halte mich an der Küste und fahre auf dem asphaltierten Wirtschaftsweg vor dem Deich in Richtung Westerhever. Nach einem kurzen Abstecher zum Leuchtturm folge ich noch ein Stück dem fast menschenleeren Weg vor dem Deich und fahre schließlich über die kleinen Dörfer und Nebenstraßen zurück. Als ich für den letzten Abschnitt der Strecke wieder auf dem Deichweg ankomme, beginnt schon die Dämmerung und taucht Deich, Salzwiesen und Schafe in blass-rosa Licht.

Strecke

Leuchtturm

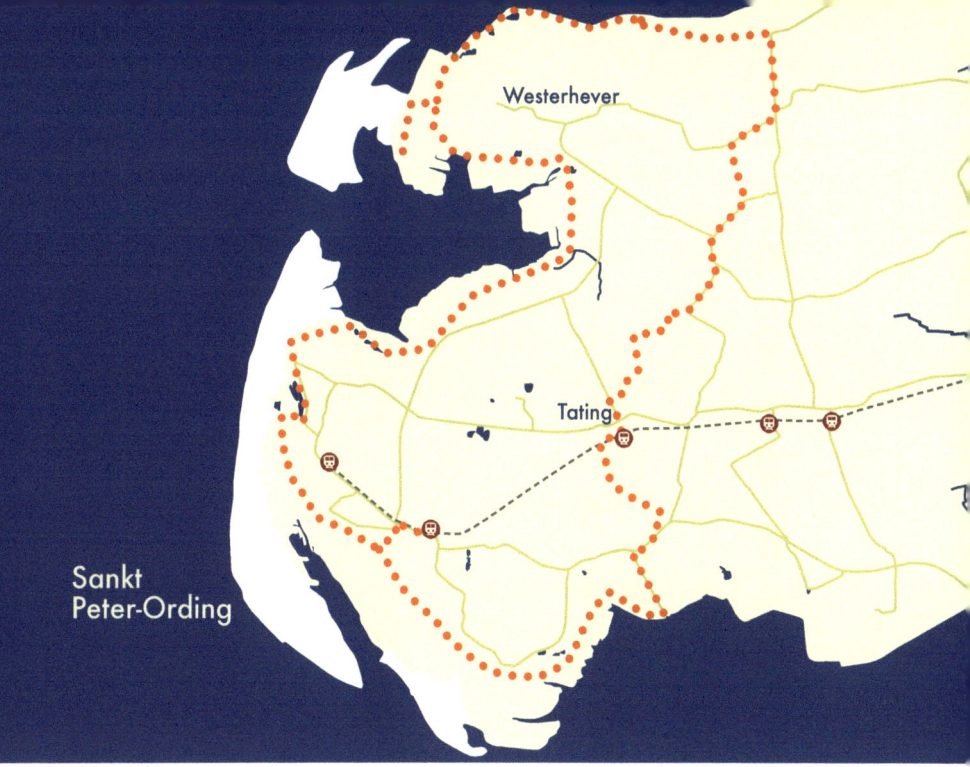

Eckpunkte

 START/ZIEL:	Bahnhof Bad St. Peter Süd
DISTANZ:	ca. 56 km
ABKÜRZUNG:	Hinweise auf kürzere und ausgeschilderte Radtouren Seite 74
LANDSCHAFT:	Deiche, Felder, Wiesen und weite Strände
WEGE:	Asphaltierte Wege am Deich; kleine Nebenstraßen, kurze Abschnitte an Landstraßen (teilweise ohne Radweg)
KARTENTIPP:	Ortsplan & Radwanderkarte Halbinsel Eiderstedt (FAN Verlag) in der Tourist-Info erhältlich

Hinweise zum Weg

① Vom Bahnhof nach St. Peter-Dorf und hinunter zum Deich fahren

② Von St. Peter-Dorf bis Norderdeich den Fahrradschildern mit der Nummer 06 über den asphaltierten Radweg auf und neben dem Deich folgen

③ Von Norderdeich bis Poppenbüll den Fahrradschildern der Nummer 02 folgen

④ Asphaltierter Wirtschaftswege neben dem Deich (der Weg vor dem Deich bietet hier den schöneren Ausblick)

⑤ Kurzes Stück Landstraße ohne Radweg

⑥ Von Poppenbüll bis zum Deich im Süden den Fahrradschildern mit der Nummer 08 folgen (überwiegend asphaltierte Nebenstraßen)

⑦ Rechts auf den Radweg neben der Landstraße fahren und nach kurzer Zeit links auf den *Hafenweg* abbiegen

⑧ Rechts auf den Wirtschaftsweg am Deich abbiegen und dem Weg bis zurück nach St. Peter-Dorf folgen

Sehenswertes

Ⓐ Pfahlbauten am Strand von St. Peter-Ording

Ⓑ *Böhler Leuchtturm*

Ⓒ *Museum Landschaft Eiderstedt*

Ⓓ *Nationalpark-Haus St. Peter-Ording* mit Ausstellung zum Wattenmeer

Ⓔ *Westerhever Leuchtturm*

Ausgeschilderte Rundtouren

Die Routen sind auf Eiderstedt mit Zahlen gekennzeichnet

01 **RUND UM SPO**
ca. 15 km

02 **WESTERHEVER LEUCHTTURM**
ca. 49 km

05 **KLEINE AUSZEIT**
ca. 28 km

06 **NATURERLEBNIS**
ca. 24 km

08 **TIERISCHES EIDERSTEDT**
ca. 39 km

GPX-Daten und weitere
Routen unter:
www.st-peter-ording.de/
nordsee-urlaub/zwischen-
land-und-strand/radfahren

Westerhever

Osterhever

Poppenbüll

02

Tümlauer
Koog

08

Norder
leich

Tating

Sandwehle

Garding

06

Sankt
Peter-Dorf

01

Sankt
Peter-Böhl

05

Vollerwiek

Dithmarschen

Kurzbeschreibung

Dithmarschen

Dithmarschen – das letzte Abenteuer Europas, so heißt es auf dem Autoaufkleber von Freunden, die sich vor Jahren dazu entschieden, nach Dithmarschen zu ziehen. Humor zumindest hat man hier.

plattes Land

Dithmarschen ist bekannt für sein plattes, weites Marschland und seine Geest. Aber natürlich hat Dithmarschen

Kohl

noch mehr zu bieten: Und zwar Kohl. Sehr viel Kohl sogar. Dithmarschen kann mit dem größten zusammenhängenden Kohlanbaugebiet Europas auftrumpfen. Jedes Jahr werden hier über 90 Millionen Kohlköpfe geerntet. Fast genauso viele NDR-Reportagen zu Kohlanbau und -verarbeitung finden sich auch in der Mediathek.

Ruhe

Wer gerne mal seine Ruhe hat, ist in Dithmarschen genau richtig, sollte sich dann aber besser nicht in die belebten Ferienorte Büsum oder Friedrichskoog verlaufen.

Küste

Die Küste von Dithmarschen ist überwiegend grün; nur im nördlichen Teil gibt es vereinzelt kleine Strände. Auch

Wattenmeer

hier wird das angrenzende Wattenmeer überwiegend von grünen Deichen und weiten Salzwiesen gesäumt.

Strecke

Meine Fahrradtour führt von Brunsbüttel bis Tönning einfach einmal die Küste hinauf; immer möglichst nah am Wasser und meist auf den Wirtschaftswegen der Deiche. Ab Brunsbüttel führt mein Weg durch mehrere

Köge

Köge. Auf Höhe von Meldorf komme ich an den Naturschutzgebieten Kronenloch und Wöhrdener Loch vorbei. Vom Ferienort Büsum geht es weiter am Deich entlang bis zum Eidersperrwerk und von dort aus ins Landesinnere bis nach Tönning.

Eckpunkte

START:	Brunsbüttel
ZIEL:	Bahnhof Tönning
DISTANZ:	ca. 89 km
ABKÜRZUNG:	Wer eine kürzere Route bevorzugt, findet Vorschläge auf Seite 86
LANDSCHAFT:	Grünes weites Marschland, Felder, Deiche, Salzwiesen und Wattenmeer
WEGE:	Hauptsächlich asphaltierte Wege am Deich, vereinzelt Radwege an Landstraßen
HINWEIS:	Der Reisetagebucheintrag zur Tour findet sich erst auf Seite 169

Hinweise zum Weg

1 In Brunsbüttel an den Deich fahren und am Wasser entlang dem Deichweg zur Elbmündung folgen

2 Immer weiter den Wirtschaftswegen am Deich Richtung Norden folgen (für die schönere Aussicht empfehle ich, wo es möglich ist, vor dem Deich statt hinter dem Deich zu fahren)

3 Von hier kann man bis zum Eidersperrwerk den Schildern des *Nordseeküstenradwegs* (*North Sea Cycle Route*) mit dem blauen Fahrrad-Symbol folgen (wobei es eigentlich ohnehin nur immer weiter am Deich entlanggeht)

Sehenswertes

◆ Badestellen

◆ Naturschutzgebiete

A Brunsbüttel Schleuse

B Kanalmuseum *ATRIUM*

C *Heimatmuseum Brunsbüttel*

D *Historischer Lernort Neulandhalle* – Ausstellung zur NS-Zeit

E *Seehundstation Friedrichskoog* – Auffangstation für Seehunde und Kegelrobben

Büsum

Warwerort

Meldorf

Elpersbüttel

Busenwurth

Friedrichs-
koog

Trennewurth

Sankt
Michaelis-
donn

Dieksanderkoog

Marne

Kaiser-Wilhelm-Koog

Neufeld

Brunsbüttel

Neufelderkoog

Hinweise zum Weg

④ Um Büsum zu durchqueren empfehle ich den Schildern des *Nordseeküstenradwegs* (*North Sea Cycle Route*) durch die Stadt zu folgen

⑤ Hinter Büsum einfach immer weiter auf den Wirtschaftswegen am Deich fahren

⑥ Hinter dem *Eidersperrwerk* rechts abbiegen und dem Radweg entlang der Straße *Katinger Watt* folgen

⑦ Rechts auf den Radweg entlang dem *Schäferweg* abbiegen und hinter Groß Olversum rechts auf die *Deichgrafenstraße* abbiegen (die Straße geht am Ende in die *Olversumer Straße* über)

⑧ Über die *Badealle* bis zum Bahnhof Tönning fahren

Sehenswertes

Ⓐ Badestellen

Ⓑ Naturschutzgebiete

Ⓕ *Phänomenia Büsum* – 230 Experimente zum Ausprobieren

Ⓖ *Museum am Meer* – zur Geschichte von Büsum

Ⓗ *Museumshafen Büsum*

Ⓘ *Büsumer Leuchtturm*

Ⓙ *Büsumer Deichmuseum* – Freilichtmuseum über Deiche

Ⓚ *Multimar Wattforum* Tönning

Ausgeschilderte Rundtouren

○ **MÜHLENTOUR**
ca. 40 km (Mühlen-Symbol)

○ **SCHLEUSENROUTE**
ca. 34 km (Schiff)

○ **SEE(H)UNDROUTE**
ca. 53 km (Seehund)

○ **ALTE DEICHE, NEUES LAND**
ca. 82 km (Schaf)

○ **KOHLROUTE**
ca. 45 km (Kohlkopf)

○ **ENERGIEROUTE**
ca. 70 km (Windrad)

○ **STORCHEN-ERLEBNIS-ROUTE**
ca. 48 km (Storch)

GPX-Daten und weitere
Routen unter:
www.echt-dithmarschen.de/
radfahren

Bü

OSTKÜSTE

Flensburger Förde

Kurzbeschreibung

Flensburg

Jedes Mal, wenn ich nach Flensburg fahre, kommt mir der Gedanke, dass ich es öfter tun sollte. Flensburg ist einfach schön. Die Stadt liegt an der dänischen Grenze und hat eine verwinkelten Altstadt, die sich um die Flensburger Förde versammelt. Einkaufsstraßen, Hinterhöfe, Museen, Cafés und Kunstateliers finden sich vor allem am Westufer. Am Ostufer steht das Kapitänsviertel etwas erhöht, schaut auf den Hafen hinunter und bildet sich etwas auf seine malerischen Gassen ein. Vollkommen zu recht, wie ich finde.

Altstadt

Kapitänsviertel

An der Hafenspitze beginnt die Flensburger Förde. Folgt man ihr weiter Richtung Ostsee, kommt man an waldigen Uferbereichen und sandigen Badeständen vorbei.

Hafenspitze

Badestrände

Meine Fahrradtour beginnt am Bahnhof in Flensburg, von wo aus ich ins Zentrum und an die gut ausgeschilderte Hafenspitze fahre. Ab hier folge ich der Promenade am Ostufer. Mein Weg verläuft immer entlang des Wassers. Nur gelegentlich macht der Weg einen Schlenker den hügeligen Uferbereich hinauf, was mit weiten Ausblicken über die Förde belohnt wird. Kurze Abschnitte fahre ich auf Radwegen neben der Landstraße; die meiste Zeit bin ich auf Sandwegen oder Nebenstraßen unterwegs. Ich folge den Schildern des Ostseeküstenradwegs bis nach Schausende, wo ich mich links am Ufer halte, um die Halbinsel Holnis mit ihrem Naturdenkmal Holnis Kliff zu umrunden. Der Rückweg führt am Glücksburger Schloss vorbei und einige Zeit über einen Waldweg parallel zur Förde zurück nach Flensburg.

Promenade

Ausblicke

Holnis

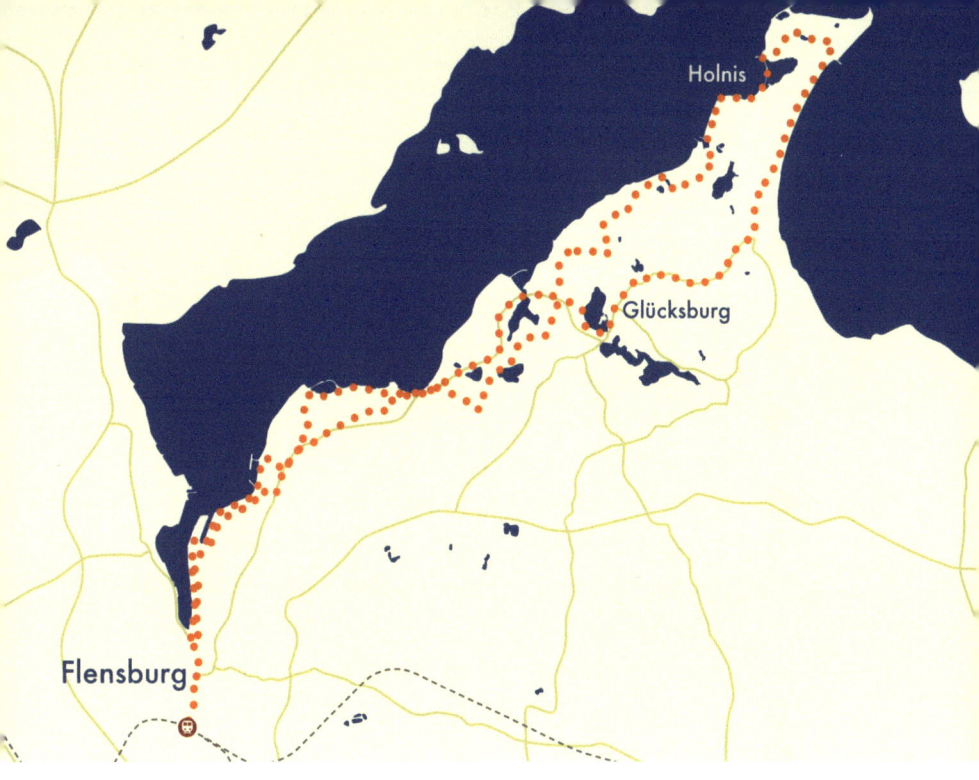

Eckpunkte

START/ZIEL:	Bahnhof Flensburg
DISTANZ:	ca. 42 km
ABKÜRZUNG:	Die Tour ließe sich gut halbieren, indem man entweder von Flensburg bis zum Glücksburger Schloss oder vom Schloss nach Holnis fährt
LANDSCHAFT:	Flensburger Förde mit Badestränden, Felder, Waldgebiete, Salzwiesen, Kliff und Ostseestrand auf Holnis
WEGE:	Sand- und Waldwege, Radwege an Landstraßen und asphaltierte Nebenstraßen

Hinweise zum Weg

1 Vom Bahnhof über *Bahnhofstraße* und *Süderhofenden* zur Hafenspitze fahren

2 Ab der Hafenspitze auf der Promenade am Westufer fahren (Schildern des *Ostseeküstenradwegs* folgen)

3 Die Marineschule Mürwik muss mit einen Schlenker über die *Fördestraße* umfahren werden

4 Links auf *Twedter Markt* abbiegen

5 Über einen Sandweg durch den Park zurück an die Förde fahren. (Achtung, hier gibt es eine steile Treppe, die man hinunterschieben muss. Der *Ostseeküstenradweg* bietet hier eine alternative Route zur Umgehung des Parks an.)

6 Sandweg entlang der Flensburger Förde

7 Hinter Solitüde folgt man einige Kilometer dem Radweg entlang der Landstraße

19 Rückweg über Straßen parallel zur Förde

Sehenswertes

≋ Badestellen

A *Flensburger Schifffahrtsmuseum*

B Flensburger Museumshafen

C *Museumsberg Flensburg* – kunst- und kulturgeschichtliches Museum

D *Rote Straße* – idyllische Straße mit kleinen Läden und Hinterhöfen

E *Kapitänsviertel*

Kollund

Klues

burg

Flensburg

Solitüde

Meierwik

Mürwik

Sonwik

Kielseng

Fruerlund

Kauslund-Osterfeld

Wees

Engelsby

Jürgensby

Tarup

Rüllschau

Sandberg

Maasbüll

Rude

Hochfeld

6
7
5
19
4
3
2
1
B
A
C
D
E

Hinweise zum Weg

(8) Bis Schausende weiter dem *Ostseeküstenradweg* folgen

(9) Auf *Sandwigstraße* abbiegen

(10) Rechts auf *Paulinenallee*, dann links *Schwennaustraße* abbiegen und dem Straßenverlauf bis Schausende folgen

(11) Links auf *Am Leuchtturm* abbiegen und den Schildern des *Ostseeküstenradwegs* nicht länger folgen

(12) Durch Schausende hindurch und auf den Sandweg direkt an der Förde fahren

(13) Im Naturschutzgebiet muss man das Rad ein Stück schieben, aber für den Blick lohnt es allemal

(14) Hinter dem Kleinen Noor rechts hoch, dann auf *An der Steilküste* und später auf *Zur Salzwiese* fahren

(15) Sandweg entlang des Ostseestrandes

(16) Auf Radweg an der *Holnisstraße* nach Glücksburg

(17) Direkt hinter dem Schloss auf den Sandweg am Wasser fahren

(18) Auf ausgeschildertem Waldweg zurück nach Flensburg

Sehenswertes

(A) Badestellen

(E) Naturschutzgebiet Halbinsel Holnis

(F) Naturdenkmal *Holnis Kliff*

(G) Ostsee Sandstrand

(H) Schloss Glücksburg

Reisetagebuch Flensburg

Flensburg

In Flensburg habe ich mich mal verliebt. Ein bisschen
Verliebtheit ist dabei auch auf die Stadt übergeschwappt.
Gegenüber Flensburg bin ich befangen. Überall liegt hier
Frischverliebtheits-Nostalgie herum. Wie ein Ölfilm legt
sie sich auf das Wasser der Förde; im Kapitänsviertel lauert sie zwischen den Treppenstufen und verfängt sich in
den schaukelnden Masten der Museumsboote.

weit weg

Flensburg ist wie Kiel, nur kleiner und schöner und weiter weg. Weit weg von allem. Aber nach Dänemark ist es
nur eine Touristenlänge Abstand.

Touristin

Heute bin auch ich als Touristin hier. So oft ich schon
durch die Straßen dieser Stadt gelaufen bin, auf dem
Fahrrad sitze ich hier erst zum zweiten Mal. Das erste
Mal zählt dabei eigentlich nicht, weil Flensburg dabei nur
der Startpunkt einer mehrtägigen Tour war und wir den
schnellsten Weg aus der Stadt herausgenommen haben.
Heute soll es nicht hinaus, sondern erstmal hinein und
dann die Förde hinauf gehen.

Montagmorgen

Promenade

Es ist Montagmorgen Mitte Oktober – kühl und blau
und klar. Vom Bahnhof fahre ich hinunter zur Hafenspitze und rolle die Promenade entlang. Im Sommer und
an sonnigen Wochenenden fährt man hier langsamen
Slalom um die Fußgänger:innen, aber heute bin ich fast
allein. Wer zur Arbeit musste, ist schon dort. Wer frei hat,
schläft noch. Die Stadt stört sich nicht daran; gewissen-
haft wie jeden Tag steht sie um die Förde herum.
Ich folge dem Weg entlang am Ufer, vorbei an Booten
und Graffiti an hohen Industriegebäuden. Hinter einem

Gitterzaun steht ein sehr alter Kran und streckt motiviert seinen Arm in die Luft, als hätte er noch etwas zu melden. Ein magnetisches Fotomotiv für alle, die ein bisschen zu anfällig für verklärte Industrieromantik sind. Als ich vor zwei Jahren anfing, analog zu fotografieren, habe ich diesen Kran bestimmt ein dutzendmal abgelichtet.

Neben einer Tankstelle stehen die Tore einer großen Halle offen. Verblichene Wellblechdächer, unter denen teure Boote überwintern. Eine Yacht wird gerade mithilfe eines Krans aus dem wellenlosen Fördewasser gehievt. Hilflos in der Luft unter dem Kran baumelnd, sieht sie erstaunlich würdelos aus.

Ein gepflasterter Weg führt direkt am Ufer Richtung Yachthafen und der Blick reicht weit über die Förde. Schwarz-weiße Enten baden im Wasser; ein Jogger geht seinen Angelegenheiten nach, ansonsten treffe ich niemanden. Ungestört kann ich die Förde anhimmeln.

Bei der Marineschule ist der Weg am Ufer unterbrochen und man muss einen Schlenker über die Fördestraße machen. Sich vom Wasser zu entfernen, heißt in Flensburg meist, erstmal ein Stück steil hinaufzufahren.

Auf der Straße komme ich an dem Haus vorbei, in dem ich vor einigen Jahren meine Katze abgeholt habe – gebraucht, aber in gutem Zustand. Mir fällt auf, dass die meisten meiner Mitbewohner:innen der letzten Jahren aus Flensburg kommen.

Um zurück an die Förde zu gelangen, durchquere ich einen hügeligen Park. An der bewaldeten Uferkante führt der Sandweg steil bergab und ich muss mein Rad entlang einer Treppe schieben. Dafür kann ich anschließend wie-

Kranarm

Wellblechdächer

Förde

Schlenker

Katze

Park

der direkt am Ufer fahren und weiter gedankenverloren auf das Wasser schauen. Die Förde glitzert, als würde sie jemand dafür bezahlen. Das Blau ist aufdringlich und warm.

An einem Strand geht ein sehr wacher Hund mit einem noch müden Menschen spazieren. Übermütig springt er durch das kalte Wasser. Seine Begeisterung ist unbegründet, aber ansteckend.

In Solitüde lässt sich im Sommer ausgezeichnet baden; an diesem Oktobermorgen ist mir jedoch nicht danach und so fahre ich ohne Halt weiter. Der Weg führt entlang einer bewaldeten Landstraße und über Nebenstraßen bis nach Schausende.

Dahinter beginnt die Halbinsel Holnis mit ihren vielen Wasservögeln, dem Kliff, den Salzwiesen und dem Ostseesandstrand. Eigentlich eignet sich Holnis besser zum Spazierengehen als zum Radfahren, aber egal wie man es tut, besuchen sollte man die Halbinsel auf jeden Fall mal.

Mein Rückweg führt über den Radweg einer kurvigen Landstraße durch waldige Landschaft. In Glücksburg fahre ich hinter dem Schloss auf einen Sandweg direkt am See. Gerahmt von den Blättern alter Bäume erstrahlt

das Glücksburger Schloss. Es spiegelt seine weiß verputzten Mauern und die spitzen Türme im Seewasser, als würde es für ein Foto-Shooting üben.

Hinter Glücksburg fahre ich auf einem Waldweg und den

Schildern nach Flensburg hinterher. Richtung Flensburg ist meistens eine gute Richtung.

Fehmarn West

Kurzbeschreibung

Fahrradschilder

Wer auf Fehmarn einen Stein wirft, hat gute Chancen, ein Fahrradschild zu treffen. Tatsächlich kenne ich keinen Ort in Schleswig-Holstein, der so gut ausgeschildert ist und sich so gut zum Radfahren eignet wie Fehmarn.

Felder

Im Inselinneren prägen große Raps- und Getreidefelder das Bild. Mit kleinen asphaltierten Nebenstraßen, die sich ausgezeichnet zum Radfahren eignen, sind die Dörfer auf Fehmarn miteinander verbunden.

Ausblicke

Die Ostseeinsel ist grundsätzlich flach, aber die wenigen leichten Erhöhungen reichen aus, um immer wieder weite Ausblicke über die blühenden Felder und aufs Meer zu bieten.

Küste

Fehmarns Küste ist lang und abwechslungsreich. Fast der gesamte Küstenbereich ist gut zugänglich; es gibt kaum Orte, an denen man nicht spontan einen Abstecher in die Ostsee unternehmen kann. Kein Strand und keine Brandung sind hier so imposant oder rau wie an der Nordsee, aber es ist unaufdringlich schön hier.

Strecke

Die erste von meinen zwei Fehmarn-Touren in diesem Buch führt um den nordwestlichen Teil der Insel herum. Ich folge dafür der ausgeschilderten *Wasservogelreservattour*.

Leuchtturm

Von Lemkenhafen aus fahre ich über Orth zum Flügger Leuchtturm. Vorbei am Naturschutzgebiet Wallnau und den steinigen Stränden der Westküste geht es weiter bis zum nördlichsten Teil der Insel und dort durch weitere Naturschutzgebiete. Beim Niobe-Denkmal biege ich ins Inselinnere ab und fahre über Gammendorf, Vadersdorf und Lemkendorf zurück zum Ausgangspunkt.

Eckpunkte

START/ZIEL: Lemkenhafen

DISTANZ: ca. 36 km

LANDSCHAFT: Viele (gelegentlich steinige) Sandstrände, Strandwälle, Binnenseen, Felder und Wiesen

SCHILDER: Bei der Route handelt es sich um die Wasservogelreservattour, die mit einem grünen Vogel-Symbol markiert ist

WEGE: Sand- und Kieswege am Deich entlang, sonst asphaltierte Nebenstraßen

Hinweise zum Weg

1 Auf der ganzen Tour den Schildern der *Wasservogelreser-vattour* (Vogel-Symbol) folgen

2 In Lemkenhafen auf dem gut befahrbaren Sandweg auf dem Deich fahren und diesem bis Orth und dann weiter bis zum Flügger Leuchtturm folgen

3 Kleine Asphaltstraße nach Flügge

4 In Flügge auf den Sandweg auf dem Deich fahren und diesem bis Westermarkelsdorf folgen

5 In Westermarkelsdorf einen kleinen Schlenker über das Dorf machen und beim Leuchtturm Westermarkelsdorf wieder auf den Weg am Ufer fahren

6 Kurz vor dem *Niobe-Denkmal* ins Landesinnere abbiegen und über Gammendorf, Vadersdorf und Lemkendorf zurück nach Lemkenhafen fahren

Sehenswertes

A Badestrände

B Naturschutzgebiete

A *Mühlenmuseum Lemkenhafen*

B Kleiner Hafen in *Orth*

C *Leuchtturm Flügge*

D *NABU Wasservogelreservat Wallnau* mit Info-Zentrum

E *Leuchtturm Westermarkelsdorf*

F *Niobe-Denkmal*

Reisetagebuch Fehmarn West

Sonneninsel

Fehmarn wird vom Tourismus-Marketing gern als *die Sonneninsel* bezeichnet. Tatsächlich gibt es hier die meisten Sonnenstunden in Schleswig-Holstein. Zielsicher habe ich heute einen Tag erwischt, an dem die Sonne nicht scheint.

Juli

Es ist Juli und das Thermometer zeigt gerade mal 17 Grad an. Leichter Nieselregen umhüllt die Landschaft. Der Wind sorgt dafür, dass das zerstäubte Wasser von allen Seiten kommt.

Schutzbleche

Aus ästhetischen Gründen hat mein Fahrrad keine Schutzbleche. Eine Entscheidung, die ich heute einmal mehr bereue, weil der nasse Boden sich auf meinen Beinen und dem Fahrradrahmen verteilt.

Lemkenhafen

Ich starte meine Tour in Lemkenhafen und fahre auf einen schmalen Schotterweg auf dem Deich. Die Deiche sind hier weniger hoch als an der Nordsee. Dafür verläuft der Weg meist direkt auf dem Deich, was weite Ausblicke ermöglicht.

Deichweg

Der kleine Weg führt von Lemkenhafen bis Orth und dann weiter von Orth bis kurz vor den Flügger Leuchtturm. Auf dem Deich stehen Schafe und kauen vor sich hin. Im flachen Uferwasser liegen Segelboote im Dunst und schaukeln behutsam. Das Wasser reflektiert den leuchtend grauen Himmel. Die Ostsee sieht aus wie flüssiges Metall.

Auf Fehmarn war ich schon oft und fast bei jedem Besuch bin ich hier Rad gefahren. Die Insel ist wie geschaffen dafür.

Als Kind und als Jugendliche fuhr ich recht viel Fahrrad, aber ich tat es nur, wenn es sein musste. Radfahren war ein hinnehmbares Übel, um von A nach B zu gelangen.

Mobilität

Nicht selten war Radfahren auch schmerzhaft: Ich brach mir den Arm bei Glatteis im Wald und ich brach mir den anderen Arm, als ich in gemütlichem Tempo gegen einen parkenden Lkw fuhr.

Meine Körperkoordination war noch nie die beste und zu meinem Selbstbild gehörte es stets, dass ich zwar viele

Koordination

Dinge gut konnte, aber dass Sport ganz und gar nicht dazu gehörte. In den Schulzeugnissen war es immer die Sportnote, die meinen Durchschnitt herunterzog.

Meine heutige Begeisterung für das Radfahren hat viel mit Fehmarn zu tun. Eigentlich nicht mit Fehmarn di-

Begeisterung

rekt, sondern mit dem Weg von Ahrensburg nach Fehmarn.

In der Oberstufe kamen ein paar Freundinnen und ich auf die Idee, verteilt über zwei Tage mit dem Rad nach Fehmarn zu fahren. Das taten wir dann auch, aber wir

Schulzeit

taten es unfassbar langsam.

Aus meiner Ungeduld wuchs der Ehrgeiz die 140 Kilometer lange Strecke irgendwann noch einmal allein und an nur einem Tag zu fahren. Und genau das tat ich ein paar Wochen später und anschließend tat ich es immer wieder. Irgendwann kannte ich die Strecke von Ahrensburg nach Fehmarn auswendig und begann auch über andere Ziele nachzudenken.

Eines der Ziele meiner heutigen Tour ist der Flügger

Leuchtturm

Leuchtturm. Ich war schon so oft auf Fehmarn, aber hier war ich noch nie. Am Fuß des Turmes ist ein kleiner Kiosk, an dem ich mir ein Eis am Stiel und für ein paar Euro die Erlaubnis kaufe, den Turm hinaufzusteigen. Von Innen ist der Leuchtturm ein Schneckenhaus. Mit strahlend blauen Geländern und hölzernen Stufen schraubt sich die Treppe nach oben. Als ich nach 162 Stufen ins Freie trete, muss ich mich in den Wind stemmen, um nicht das Gleichgewicht zu verlieren. Meine Regenjacke flattert aufgeregt um mich herum. Ich bin eine Fahne im Wind. Eis am Stiel

Vom Flügger Leuchtturm aus fahre ich die Fehmarner Westküste hinauf. Immer entlang des Wassers; immer mit Blick auf die Ostsee. Ich mag die Westküste auf Fehmarn. Sie hat sandige und teilweise steinige Naturstrände und ist weniger überlaufen als die Strände im Süden. Das Wasser ist hier ein wenig rauer; der Sand ist von struppigen Strandwällen gesäumt. Hier wachsen Stranddisteln, Salzmieren und blühender Meerkohl. Westküste

In dieser Ecke von Fehmarn war ich als Jugendliche häufig mit meinem Vater und meinem kleinen Bruder. Meistens wurden dann zu große Drachen an zu windigen Tagen gestartet und meistens war es chaotisch und schön. Mit meinem Bruder habe ich dann auch meine erste wirklich lange Radtour gemacht. Der Plan war, aus dem Schwarzwald den Rhein hinunter und bis nach Ahrensburg zu fahren. Der Plan scheiterte. Strand

Wir begannen gleich den ersten Tag mit einem geplatzten Reifen und einem Sonnenstich. Am nächsten Tag folgte eine Zahnfleischentzündung und das sonnige Wetter schlug in nicht enden wollenden Regen um. Nach ein paar Tagen mussten wir unsere Tour in Wuppertal abbrechen, weil das gesamtes Gepäck in unseren provisorischen Fahrradtaschen komplett durchnässt war. Sehr frustriert fuhren wir den Rest der Strecke mit der Bahn nach Hause.

Noch im gleichen Sommer investierte ich in wasserdichte Fahrradtaschen. Und zwei Tage nach Abbruch der Tour setzte ich mich wieder aufs Rad und fuhr bei strahlendem Sonnenschein die altbekannte Strecke nach Fehmarn.

Huk

Am Markelsdorfer Huk, dem nördlichsten Zipfel der Insel liegen große Binnenseen zwischen mir und der Ostsee. Vom Schotterweg auf dem Deich aus sehe ich über die schilfbewachsenen Ufer. Einige Vögel wippen im angerauten Wasser auf und ab.

Hinter dem Naturschutzgebiet am Huk erstrecken sich weitere Strände. Das Dünengras legt sich in den Wind und rauscht leise.

Kitesurfer

Auf dem Wasser sind Kitesurfer unterwegs, die dem windigen Wetter heute mehr abgewinnen können als ich.

Kurz vor dem Niobe-Denkmal biege ich ins Landesinnere ab und fahre über die Dörfer zurück nach Lemkenhafen. Der Wind sitzt mir jetzt im Nacken. Da sitzt er gut.

Fehmarn Ost

Kurzbeschreibung

Die Insel Fehmarn, die genau genommen gar keine Insel mehr ist, sondern eine Halbinsel, wurde 1963 über die Fehmarnsundbrücke mit dem Festland verbunden. Die Brücke wird sowohl von Autos als auch von Fußgänger:innen und Fahrrädern genutzt. In Ermangelung von echten Bergen sind Brücken in Schleswig-Holstein eigentlich eine der wenigen Möglichkeiten, weite Aussichten zu genießen; den Blick von der Fehmarnsundbrücke kann ich, auch vom Fahrrad aus, nur empfehlen.

Meine zweite Fehmarn-Tour beginnt in Puttgarden, von wo aus auch die Fähren nach Dänemark ablegen. Puttgarden lässt sich wegen des Baus des Tunnels nach Dänemark gegenwärtig nicht mit dem Zug erreichen. Früher waren manche Züge so übermütig, dass sie auf eine Fähre rollten und dann in Dänemark weiterfuhren.

Vorbei am Naturschutzgebiet Grüner Brink führt mein Weg ein Stück Richtung Westen die Küste entlang. Am Niobe-Denkmal biege ich ins Landesinnere ab und fahre über asphaltierte Nebenstraßen und Radwege einmal quer über die Insel, bis zur Fehmarnsundbrücke. In Wulfen liegen eine kleine Steilküste und mein persönlicher Lieblingsstrand auf Fehmarn.

Der Süden der Insel rühmt sich mit belebten Ferienorten und flauschigen weißen Sandstränden. Im Osten folge ich einem Sandweg entlang der langen Steilküste und einem asphaltierten Weg am Deich, bis ich über Nebenstraßen zurück nach Puttgarden komme.

Eckpunkte

START/ZIEL:	Puttgarden
DISTANZ:	ca. 52 km
ABKÜRZUNG:	Wer eine kürzere Route bevorzugt, findet Vorschläge auf Seite 124
LANDSCHAFT:	Sandstrände, Steilküsten, Felder und Wiesen
WEGE:	Sand- und Kieswege an der Küste entlang, sonst meist asphaltierte Nebenstraßen oder Radwege an Landstraßen

Hinweise zum Weg

1. Durch Puttgarden über Strandweg ans Meer fahren
2. Schotterweg entlang der Küste bis zum Niobe-Denkmal
3. Ins Landesinnere abbiegen und erst den Schildern Richtung Landkirchen, dann den Schildern Richtung Fehmarnsund folgen (fast nur asphaltierte Nebenstraßen)
4. Unter der Fehmarnsundbrücke hindurchfahren
5. Der Asphaltstraße parallel zum Wasser bis Wulfen folgen
6. Hinter Wulfen auf dem gut befahrbaren Sandweg direkt am Wasser nach Burgstaken fahren, dann dem Sandweg weiter bis Burgtiefen folgen
7. Links abbiegen und auf Sandweg hinter den Dünen fahren (teilweise schlecht befahrbar)
8. Fahrradschildern Richtung Staberdorf folgen
9. Staberdorf über die Straße Staberhof verlassen
10. Sandweg an der Steilküste, später Asphaltweg am Deich
11. Bei Marienleuchten über asphaltierte Nebenstraßen zurück nach Puttgarden fahren

Sehenswertes

- Badestrände
- Naturschutzgebiete
- **A** *Fehmarnsundbrücke*
- **B** Steilküsten
- **C** Steinzeitliches Langbett
- **D** *U11 U-Boot-Museum Fehmarn*
- **E** Leuchtturm *Staberhuk*
- **F** Leuchtturm *Marienleuchten*

Wenkendorf

3

2

1

Gammendorf

Vadersdorf

Todendorf

Puttgarden

F

11

Marien-
leuchten

nkendorf

Bisdorf

Presen

ltjellingsdorf

Bannesdorf

Klausdorf

Landkirchen

Niendorf

Mummendorf

Gahlendorf

Burg

schendorf

Vitzdorf

Katharinenhof

B

Albertsdorf

Meeschendorf

B

Blieschendorf

Burgstaaken

Sahrensdorf

Staberdorf

10

kkamp

Avendorf

D

Staberdorf

9

Fehmarnsund

Wulfen

6

Burgtiefe

7

8

Staberhuk

A

4

5

C

B

E

Ausgeschilderte Rundtouren

KIRCHENTOUR
ca. 41 km
(Kirchen-Symbol)

SUNDBRÜCKENTOUR
ca. 43 km
(Brücken-Symbol)

HÄFENTOUR
ca. 40 km
(Segelschiff-Symbol)

GRÜNER-BRINK-BINNENTOUR
ca. 31 km
(Schaf-Symbol)

GPX-Daten und weitere
Routen unter:
www.fehmarn.de/
sonneninsel/aktiv/
radfahren

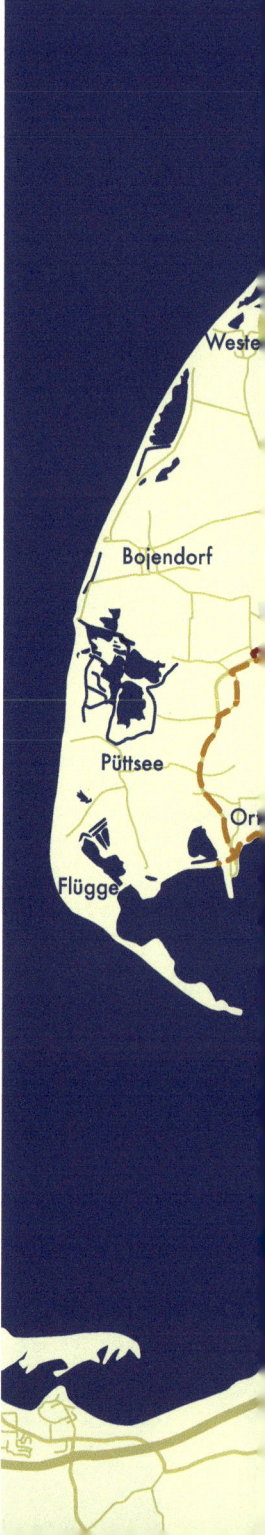

Lübecker Bucht

Kurzbeschreibung

Holsteinische
Schweiz

Die Holsteinische Schweiz liegt zwischen Kiel und der Lübecker Bucht in der Landschaft. Ihr Name stammt aus dem 19. Jahrhundert, als die echte Schweiz ein so beliebtes Reiseziel war, dass man auch andere Orte mit dem Namenszusatz *Schweiz* versah, um sie touristisch interessanter zu machen.

Hügelland

Zwar liegt die Holsteinische Schweiz im sogenannten Hügelland, allerdings ist der Vergleich mit der echten Schweiz schon erstaunlich weit hergeholt, wenn man bedenkt, dass die höchste Erhebung hier gerade mal 168 Meter misst. Auch ohne Berge hat die Gegend aber

Seen

durchaus einiges zu bieten.

Rund 200 Seen liegen in der abwechslungsreichen Landschaft verteilt und gelegentlich stolpert man über

Altstädte

Schlösser oder historische Altstädte, für die Schleswig-Holstein sonst ja nicht unbedingt bekannt ist.

Seestern

Meine Tour ist die mit einem Seestern-Symbol ausgeschilderte *Strandtour*. Von Eutin aus führt die Route über die Dörfer und durch die leicht hügeligen Felder bis zur Lübecker Bucht. Zwischen Sierksdorf und Haffkrug führt der Weg hinunter an die Ostsee und verläuft dort

Promenade

bis Timmendorf Strand direkt an der Promenade.

Ich kenne keinen anderen Ort in Schleswig-Holstein, an dem man so weit auf einer gut asphaltierten Promenade direkt am Strand fahren kann. Gleichzeitig kenne ich auch kaum Strandabschnitte, die touristisch so allumfassend erschlossen sind. Rückzugsorte und abgeschiedene Naturstrände sucht man besser anderswo.

Eckpunkte

START/ZIEL:	Bahnhof Eutin
DISTANZ:	ca. 58 km
LANDSCHAFT:	Felder, Wiesen, Wälder und Seen in leicht hügeliger Landschaft und sandige Ostseestrände
WEGE:	Radwege, asphaltierte Nebenstraßen und kurze Abschnitte Waldweg
SCHILDER:	Die Tour ist mit einem Seestern-Symbol ausgeschildert
INFOS:	Weitere Informationen und GPX-Daten unter: www.holsteinischeschweiz.de/tour/strand-tour

Hinweise zum Weg

❶ Auf der gesamten Strecke den Fahrradschildern mit dem Seestern-Symbol der *Strandtour* folgen

❷ Vom Bahnhof aus durch die Altstadt zum Schloss fahren

❸ Radweg an *Lübecker Landstraße*, dann geradeaus auf *Bockholter Baum* (hier endet der Radweg)

❹ Durch die Dörfer *Bockholt, Röbel, Bujendorf* und *Süsel* fahren (Radweg an Landstraße und Nebenstraßen)

❺ Um den Flugplatz Sierksdorf herum fahren

❻ Bis Timmendorfer Strand dem Radweg auf der Promenade folgen

❼ Von *Strandallee* auf *Bergstraße*, dann auf *Bahnhofstraße*

❽ In Luschendorf links auf den *Schnürsdorfer Weg* abbiegen (Schild leicht zu übersehen)

❾ Hinter Woltersmühlen erst auf *Salzstraße*, dann über ein Stück Waldweg neben dem Middelburger Seen fahren

❿ Über Fassensdorf, Gothendorf und Groß Meinsdorf zurück nach Eutin

Sehenswertes

🅚 Badestellen

🅝 Naturschutzgebiete

Ⓐ *Eutiner Schloss* mit Schlossgarten

Ⓑ *Ostholstein-Museum* – zu Ostholsteins Kunst- und Kulturgeschichte

Ⓒ *HANSA-PARK* in Sierksdorf – Freizeitpark

Ⓓ *Ostsee-Therme* Scharbeutz

Ⓔ Waldhochseilgarten Scharbeutz

KEINE KÜSTE

11

Naturpark Schlei

Kurzbeschreibung

Meeresarm

Die Schlei ist ein rund 42 Kilometer langer Meeresarm, der im Nordosten von Schleswig-Holstein ins Land ragt. Mit *Ostseefjord* wird hier geworben, auch wenn die Schlei eigentlich gar kein Fjord ist. Aus Werbezwecken scheint man gern großzügig darüber hinwegzusehen. *Ostseefjord* klingt natürlich auch besser als ein Hinweis darauf, dass der Name Schlei in seiner Wortherkunft soviel wie schlammiges Gewässer bedeutet.

Brackwasser

Tatsächlich besteht die Schlei hauptsächlich aus Brackwasser, also einer Mischung aus Süß- und Salzwasser. Das klingt wiederum unangenehmer, als es eigentlich ist, denn an vielen Orten der Schlei lässt sich ausgezeichnet baden.

Schleidörfer

Die Landschaft am Ufer ist grün und abwechslungsreich; leicht hügelige Felder und Wiesen, dazwischen Dörfer mit Reetdachhäusern und Gutshöfen. Im Hintergrund dümpeln weiße Segelboote auf dem Wasser.

Wikinger-
Friesen-Weg

Meine Tour startet am Bahnhof in Lindaunis und verläuft die meiste Zeit über Teilstrecken des *Wikinger-Friesen-Wegs*. Der rund 180 Kilometer lange Radweg führt von der Nordsee bis zur Schleimündung und folgt dem alten Handelsweg der Wikinger und Friesen. Von Lindaunis führt mein Weg nach Kappeln mit seiner Altstadt und dem Museumshafen. Nach Überquerung der

Klappbrücke

Klappbrücke in Kappeln verläuft der Weg nach Süden bis zur Fähre Missunde und nach dem erneuten Wechsel der Uferseite zurück nach Lindaunis.

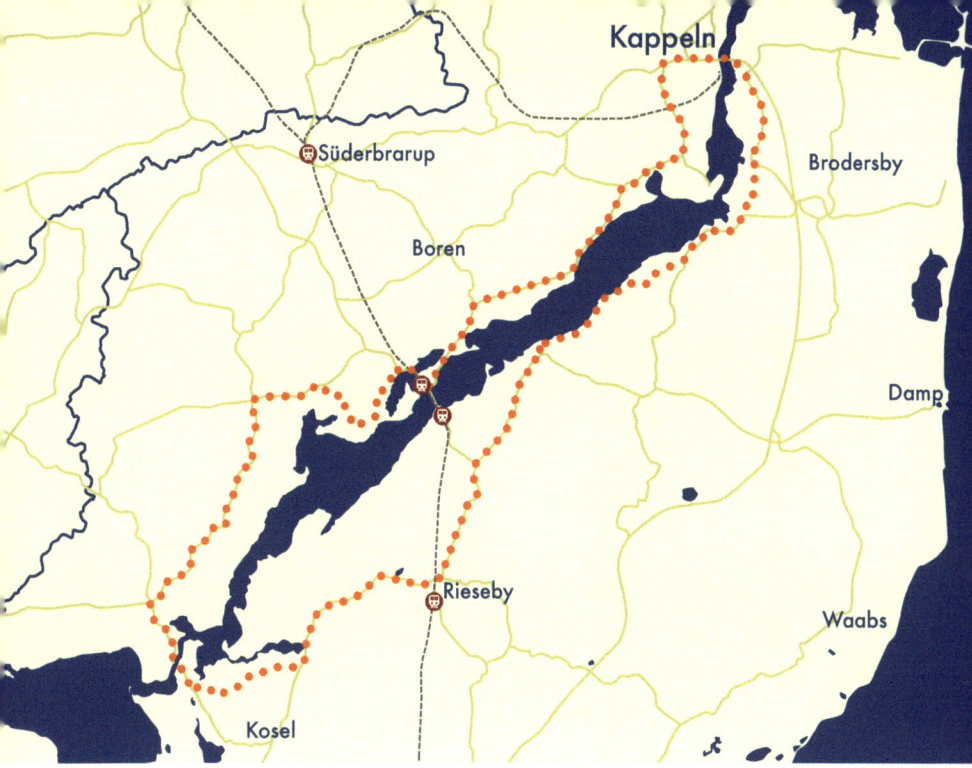

Eckpunkte

START/ZIEL: Bahnhof Lindaunis

DISTANZ: ca. 60 km

ABKÜRZUNG: Die Strecke lässt sich gut in der Mitte teilen; weitere kürzere und ausgeschilderte Routen auf Seite 144

LANDSCHAFT: Sanft hügelige Landschaft, Felder und Wiesen entlang der Schlei

WEGE: Asphaltierte Nebenstraßen, Radwege an Landstraßen, sowie ein Stück Sandweg direkt am Schleiufer

Hinweise zum Weg

① Vom Bahnhof Lindaunis auf *Schleistraße* am Ufer entlang nach Lindaunis fahren

② Rechts auf die Straße *Ketelsby* abbiegen

③ Rechts auf den Radweg neben der Landstraße *Habertwedt* abbiegen und ihm bis Grödersby folgen

④ In Grödersby links auf *Dorfstraße* abbiegen und ihr bis Kappeln folgen

⑤ Kappeln auf dem Radweg neben der Bundesstraße durchqueren

⑥ Kurz nach Überquerung der Klappbrücke rechts abbiegen, die Bundesstraße überqueren und der *Eckernförder Straße* nach Kopperby folgen

⑦ Auf die kleine Nebenstraße *Mariental* abbiegen

⑧ Direkt hinter Winnemark auf *Steinholzer Weg* abbiegen

⑨ Auf Sand- und Schotterweg bis *Sieseby* fahren

⑩ In Sieseby auf Radweg neben der Straße Richtung Krieseby und weiter nach Rieseby fahren

Sehenswertes

ⓐ Badestellen

Ⓐ Klappbrücken in Lindaunis und in Kappeln

Ⓑ Arnis – kleinste Stadt Deutschlands mit Schifferkirche aus dem 17. Jahrhundert

Ⓒ Altstadt und Museumshafen in Kappeln

Ⓓ Sieseby – Flächendenkmal mit reetgedeckten Fachwerkhäusern aus 19. Jahrhundert und Feldsteinkirche aus dem 12. Jahrhundert

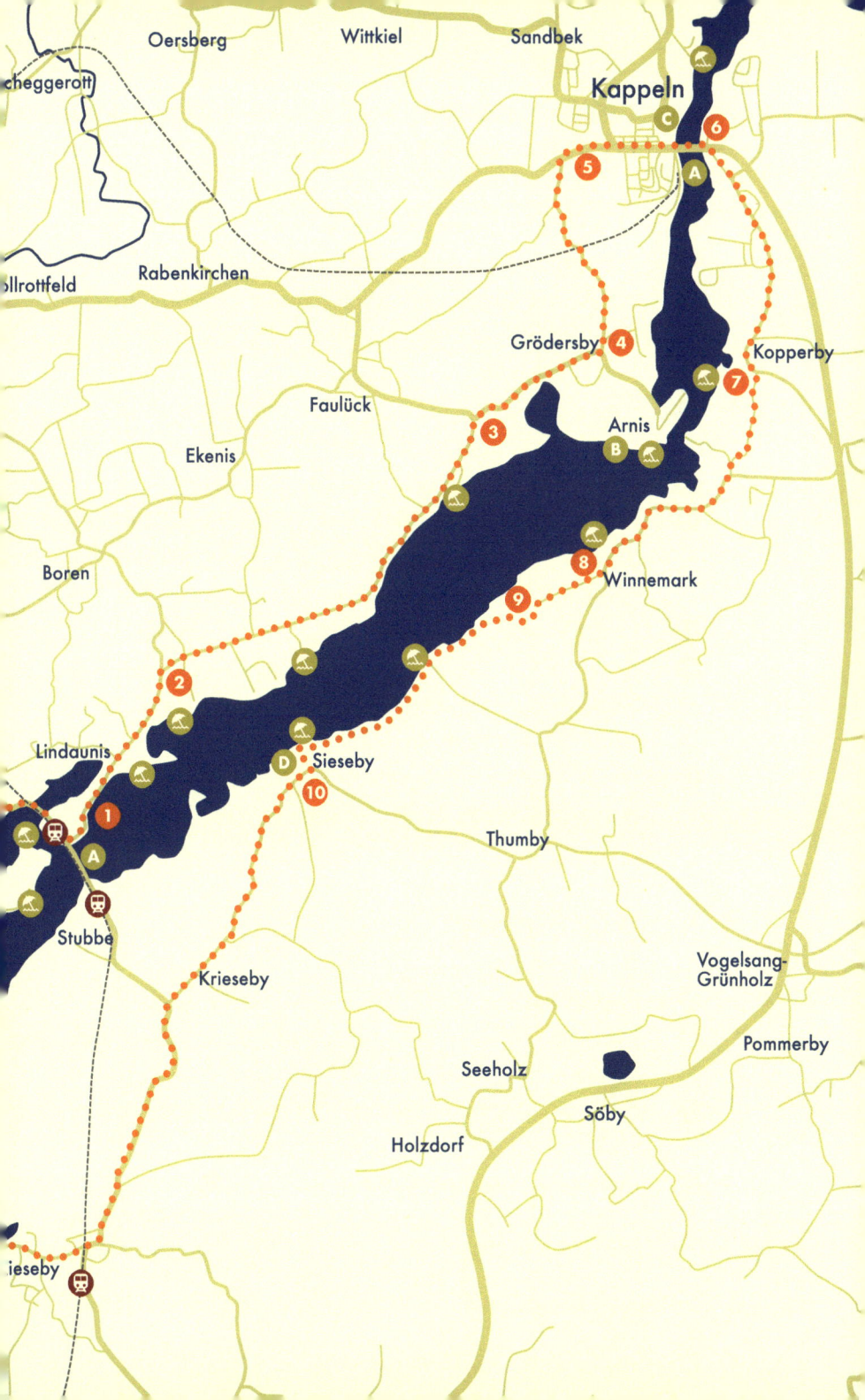

Hinweise zum Weg

11 Rieseby über *Dorfstraße* und *Möhlnbarg* verlassen und auf Radweg neben der Straße Richtung *Bohnert* fahren

12 Rechts auf *Ornumer Weg* abbiegen und dem Straßenverlauf bis Missunde folgen

13 Auf *Missunder Weg* abbiegen

14 Mit der *Schleifähre Missunde* auf das andere Ufer fahren (Radfahrer:innen zahlen 1,50 €)

15 Auf *Missunder Fährstraße* bis Brodersby fahren

16 In Brodersby rechts auf *Schleidörfer Straße* abbiegen und dem Radweg neben der Straße durch die Schleidörfer Goltoft, Hestoft und Ulsnis bis Kius folgen

17 Rechts auf die Straße *Kius* abbiegen

18 Rechts auf die kleine Nebenstraße *Gunneby* abbiegen (Die Abzweigung ist leicht zu verpassen, weil man gerade so schön den Berg hinunterrollt)

19 Im Dorf Gunneby rechts abbiegen und über die kurvige Nebenstraßen parallel zur Schlei bis Lindaunis fahren

Sehenswertes

A Badestellen

E *Die Mühle Anna* – Windmühle mit Heimatmuseum und Atelier

F *Schleifähre Missunde* – Fähre an der schmalsten Stelle der Schlei

G *Dorfmuseum Kius-Ulsnis-Steinfeld*

Ausgeschilderte Rundtouren

DER LANDARZTTÖRN
ca. 39 km
(Filmklapppen-Symbol)

DER SCHLEIUFERTÖRN
ca. 25 km
(Schlei-Symbol)

DER KREISBAHNTÖRN
ca. 37 km
(Eisenbahn-Symbol)

DER SCHLEMMERTÖRN
ca. 32 km
(Essbesteck-Symbol)

DER HERRENHAUSTÖRN
ca. 36 km
(Herrenhaus-Symbol)

KARTEN:

Im Tourismusbüro in Kappeln kann man detaillierte Karten zu den einzelnen und vielen weiteren Touren in der Region erwerben

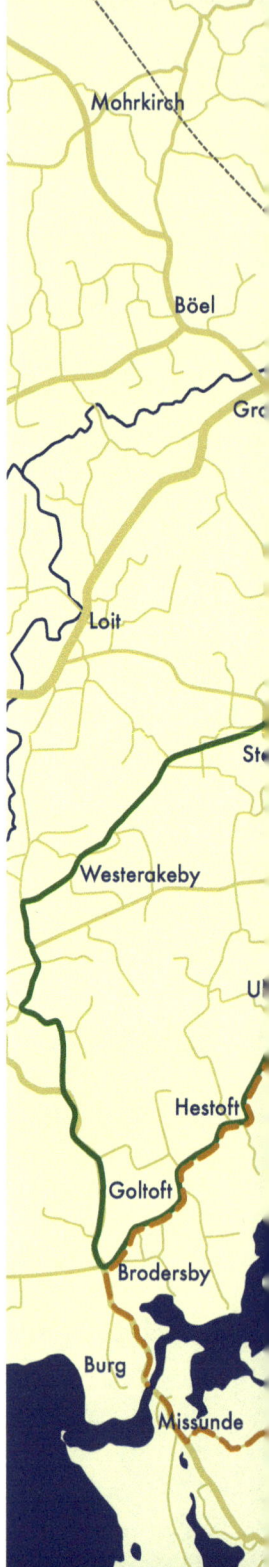

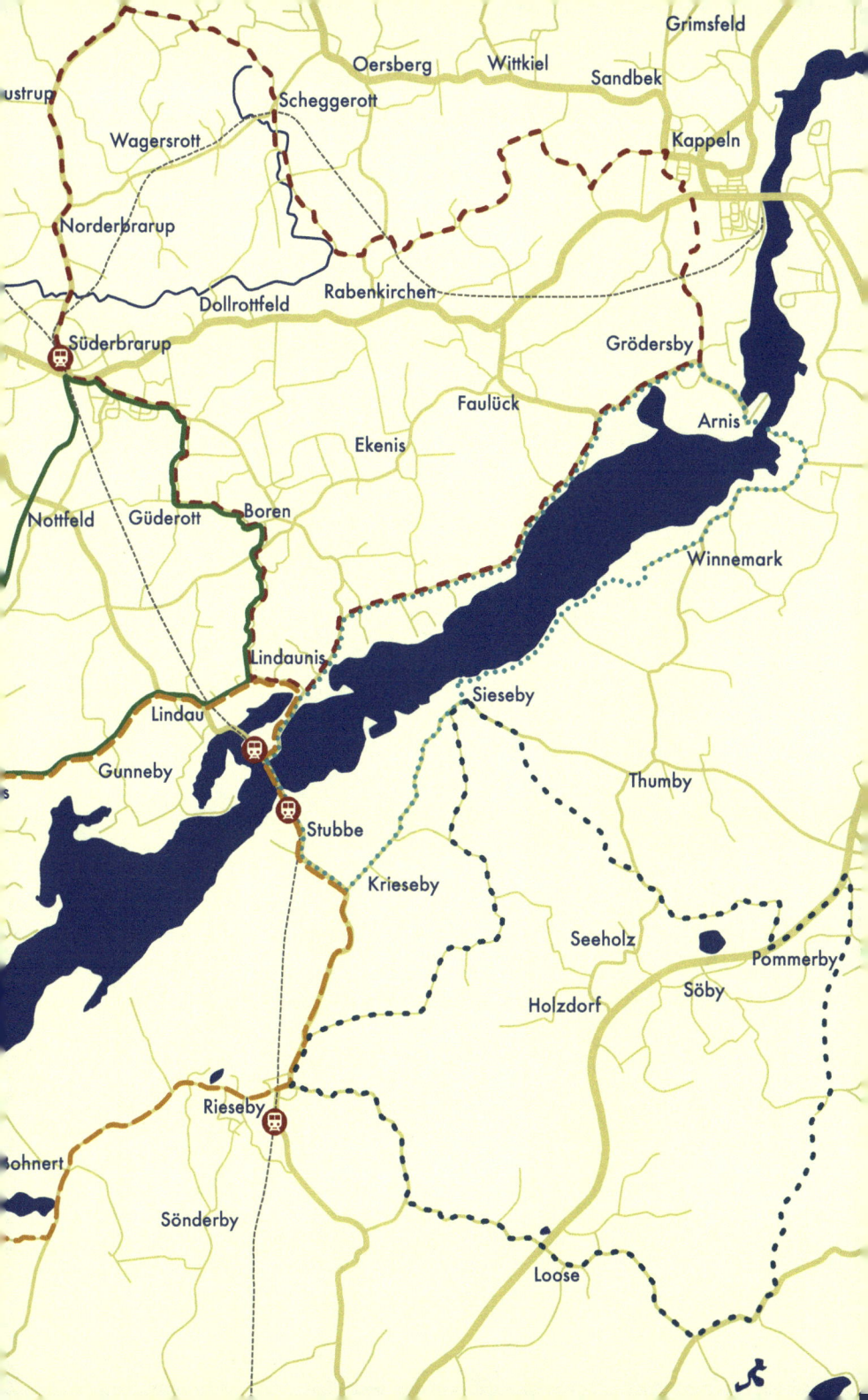

12

Eider-Niederung

Kurzbeschreibung

Friedrichstadt

Ein paar Kilometer von der Nordseeküste entfernt lauert Friedrichstadt in der grünen Landschaft, um nichts ahnenden Besucher:innen den Kopf zu verdrehen. Friedrichstadt ist tatsächlich so schön, wie die Leute immer sagen.

Treppengiebel

Das Städtchen mit seinen Treppengiebelhäusern

Grachten

und den Grachten wird gelegentlich auch als Klein Amsterdam genannt. Tatsächlich waren es niederländische Glaubensflüchtlinge, die Friedrichstadt hier im 17. Jahrhundert erbauten. Viele der historischen Gebäude in der Altstadt beherbergen heute kleine Ladengeschäfte mit experimentellen Konzepten und überall stolpert man über Kunsthandwerk und Manufakturen.

Flussniederung

Vor Friedrichstadt erstreckt sich ein großes Niederungsgebiet. Der Fluss Eider verläuft in hakenschlagendem Zickzack durch die Landschaft. Ackerbau findet man hier nur vereinzelt; der Großteil der Fläche wird als Grünland

Marschen

genutzt und durch Marschengräben entwässert. Die Landschaft ist flach und unspektakulär; gleichwohl bin ich total verzaubert. Vielleicht ist das hier meine Lieblingstour in diesem Buch.

Strecke

Meine Tour startet in Friedrichstadt und verläuft auf Nebenstraßen durch Seeth, Drage und Stapel. Von Stapel nach Erfde folge ich dem Radweg auf einer ehemaligen Bahntrasse, der schnurgerade und abseits der Straße verläuft.

Fähre

In Bargen hätte ich die Fähre genommen, doch die Saison war bereits vorbei. Nach einen Schlenker zur Bücke in Pahlen ging es auf der anderen Seite der Eider zur Schleuse Nordfeld und dann zurück nach Friedrichstadt.

Eckpunkte

START/ZIEL:	Bahnhof Friedrichstadt
DISTANZ:	ca. 56 km
LANDSCHAFT:	Flaches, grünes, weites Marschland, teilweise Weiden und Felder
WEGE:	Überwiegend asphaltierte Nebenstraßen, kurze Abschnitte auf Straßen (ein Stück Landstraße ohne Radweg zwischen *Pahlen* und *Delve*)
AUSSERDEM:	In der Region gibt es auch den 240 km langen *Eider-Treene-Sorge-Radweg*, der sich gut auch auf kürzere Touren aufteilen lässt (www.ets-radweg.de)

Hinweise zum Weg

1 Vom Bahnhof Friedrichstadt durch die Altstadt rollen und ein bisschen staunen, wie schön dieses Städtchen ist

2 Von *Schleswiger Straße* links auf die kleine Nebenstraße *Tegelhoff* abbiegen und dem Straßenverlauf bis Seeth folgen

3 In Seeth die *Hauptstraße* überqueren und auf *Schulring* dann auf *Op de Geest* Richtung Drage fahren

4 In Drage links auf Dorfstraße abbiegen und Richtung Stapel fahren

13 Nebenstraße parallel zur Eider bis zur *Nordfeld Schleuse*

14 *Nordfeld Schleuse* zu Fuß überqueren

15 Hinter der Schleuse links auf den Wirtschaftsweg neben dem Deich bis Friedrichstadt fahren (gepflasterter, teils mit Gras bewachsener Weg)

16 Auf dem Radweg neben der *Tönninger Straße* zurück zum Bahnhof fahren

Sehenswertes

☆ Badestellen

A Historische Altstadt, Treppengiebelarchitektur und Grachten in Friedrichstadt

B Museum *Alte Münze* – gewidmet der Stadtgeschichte von Friedrichstadt

D *Nordfeld Schleuse*

Hinweise zum Weg

(5) Auf der *Hauptstraße* (später *Bahnhofstraße)* durch Stapel hindurchfahren

(6) Kurz vor Norderstapel rechts auf Radweg abbiegen

(7) Der Radweg führt abseits der Straße schnurgerade bis Erfde durch die grüne Landschaft

(8) In Erfde rechts auf Westerende abbiegen und dem Straßenverlauf bis Bargen folgen

(9) Wenn möglich, in Bargen mit der Fähre auf das andere Ufer der Eider fahren (Fährzeiten beachten)

(10) Alternativ über Scheppern nach Pahlen fahren und die Eider dort über die Brücke überqueren

(11) Vorsicht, zwischen Pahlen und Delve gibt es keinen Radweg an der Landstraße

(12) In Delve nicht Richtung Hollingstedt abbiegen, sondern durch Delve fahren und über Fuhlhorn das Dorf Richtung Bergewöhrden verlassen

(13) Nebenstraße durch grüne Wiesen und Naturschutzgebiet

Sehenswertes

(A) Badestellen

(B) Naturschutzgebiete

(C) *Bargener Fähre* – Fährzeiten: samstags, sonntags und an Feiertagen zwischen 10 und 19 Uhr in der Saison von Mai bis September (1,- € pro Person, Fahrräder sind frei)

Nord-Ostsee-Kanal

Kurzbeschreibung

Kanal

Von Kiel nach Brunsbüttel, einmal quer durch Schleswig-Holstein, verläuft der Nord-Ostsee-Kanal. Die künstliche Wasserstraße wurde Ende des 19. Jahrhunderts gebaut und verbindet, wie der Name es vermuten lässt, Nord- und Ostsee miteinander. Jeden Tag nutzten rund 100 Schiffe diese Abkürzung, um nicht den weiten Bogen um Dänemark herumfahren zu müssen. Vom großen Containerschiff bis zum Traditionssegler sind dabei alle möglichen Schiffstypen vertreten.

Schiffe

Der Nord-Ostsee-Kanal verläuft durch die unterschiedlichen schleswig-holsteinischen Landschaftsformen. Bei Kiel durchquert er das Hügelland, später geht es durch Geest und Marsch. Direkt am Kanal sieht man von der Landschaft allerdings meist wenig. Der ausgeschilderte Fernradweg *Nord-Ostsee-Kanal-Route* führt deshalb auch immer wieder in das Landesinnere und schlängelt sich auf rund 325 Kilometern um den Kanal herum.

Landschaft

Fernradweg

Auf meiner Tour habe ich keine Abstecher in die Landschaft unternommen, sondern bin fast ausschließlich auf den Betriebswegen am Kanal geblieben. Der Weg besteht aus Betonplatten und ist in unterschiedlich gutem Zustand. Die vierzehn Kanalfähren sind kostenfrei; so lässt sich unterwegs immer wieder die Seite wechseln.

Betriebswege

Kanalfähren

Direkt am Kanal gibt es kaum Steigungen. Da der Wind meist eher von Westen kommt, sollte man, für noch mehr Fahrkomfort, allerdings besser in Brunsbüttel starten und nicht wie ich in Kiel. Und dann: Schiffe gucken und vor sich hin treten.

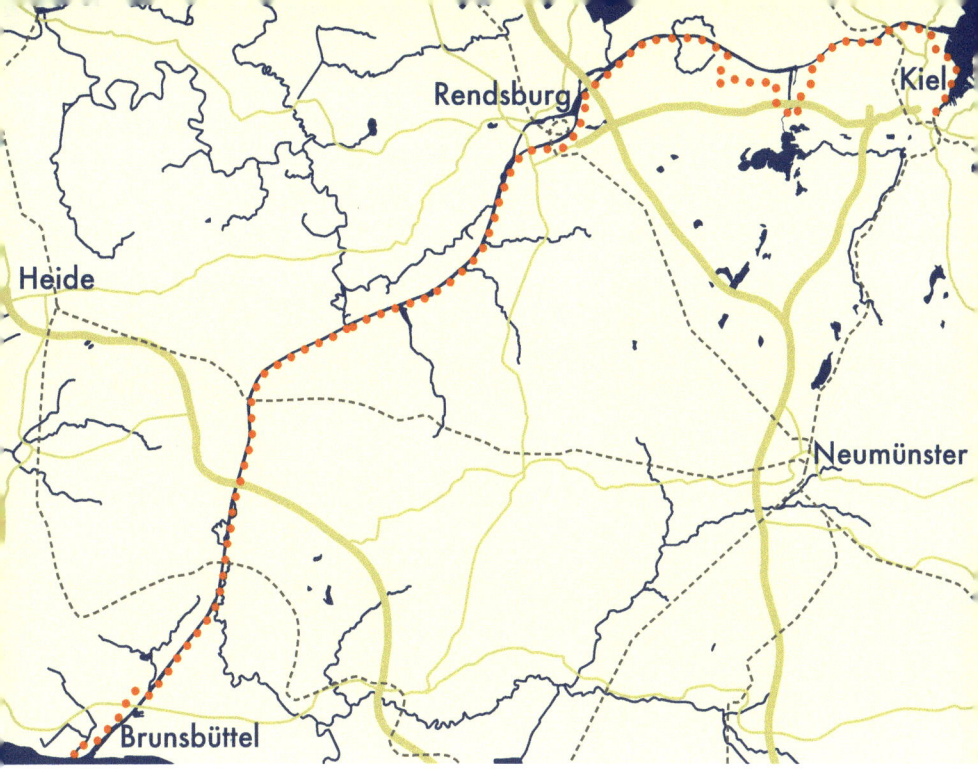

Eckpunkte

START:	Bahnhof Kiel
ZIEL:	Brunsbüttel Schleuse
DISTANZ:	ca. 100 km
LANDSCHAFT:	Marsch, Geest und Hügelland einmal quer durch Schleswig-Holstein; aber die meiste Zeit sieht man nur den Kanal
WEGE:	Hauptsächlich Betriebswege am Kanal, sonst Radwege an Landstraßen
AUSSERDEM:	Die 325 km lange *Nord-Ostsee-Kanal-Route* verläuft nicht nur am Kanal, sondern macht immer wieder Schleifen in die Landschaft (www.nok-route.de)

Hinweise zum Weg

1. Vom Bahnhof Kiel an der Förde bis zum NOK fahren
2. Weg am NOK folgen bis Strohbrück
3. Der Kanalweg ist hier ein Stück unterbrochen
   Schlenker über Achterwehr und Groß Nordsee fahren
4. In Klein-Königsförde zurück an den Kanal
5. Ich fahre auf der südlichen Seite des Kanals, fast überall
   lassen sich allerdings beide Kanalseiten gut befahren
6. In Rendsburg muss man ein Stück über Straßen parallel
   zum Kanal ausweichen, bis der Kanalweg weitergeht

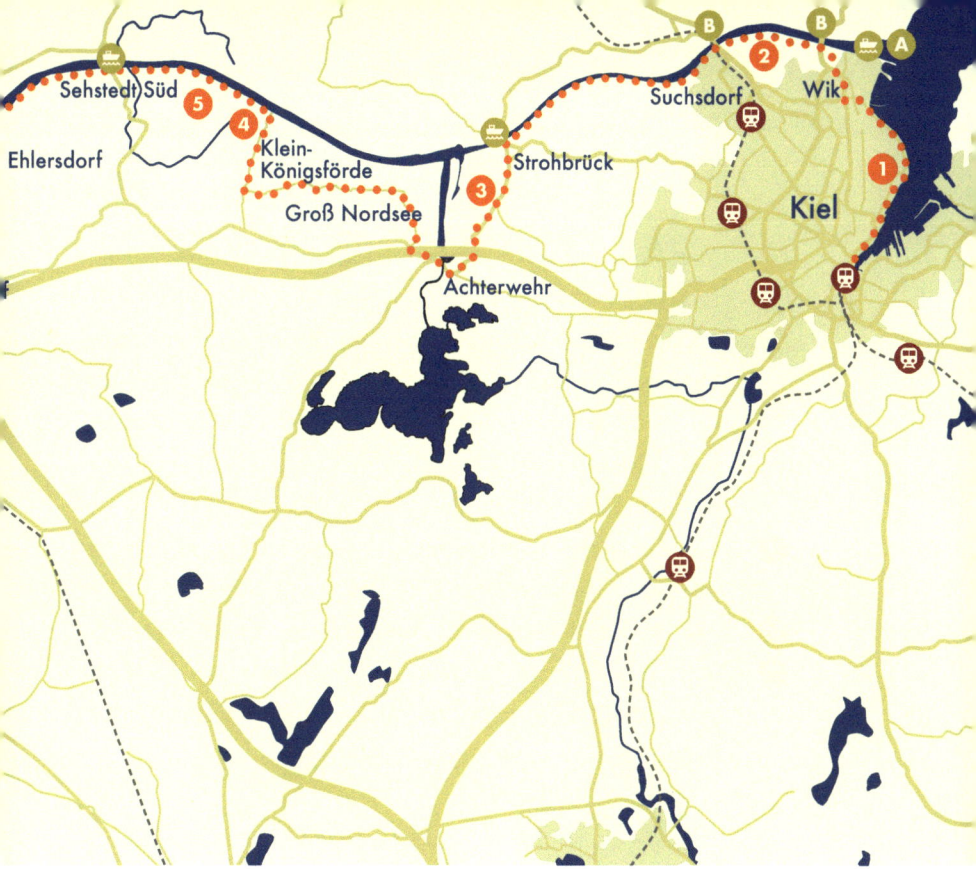

Sehenswertes

- Fähren
- **A** Schleuseananlage Kiel-Holtenau
- **B** *Holtenauer Hochbrücke* und alte *Levensauer Hochbrücke* – mit Fahrrad passierbar bieten sie weite Ausblicke über den Kanal und die Landschaft
- **C** *Rendsburger Schwebefähre* und *Schiffsbegrüßungsanlage*
- **D** *Nord-Art* – internationale Kunstausstellung für zeitgenössische Kunst mit großem Außenbereich (von Juni bis Oktober geöffnet)

Hinweise zum Weg

7 Von Rendsburg aus immer weiter auf den Betriebswegen am Kanal entlangfahren

8 Meine Strecke bleibt bis kurz vor Brunsbüttel am südlichen Kanalufer. An den meisten Stellen kann man allerdings auf beiden Kanalseiten fahren und mit den vielen kostenlosen Kanalfähren lässt sich immer wieder die Seite wechseln

9 Die *Grünentaler Hochbrücke* lässt sich auch mit dem Fahrrad passieren und bietet einen weiten Ausblick

10 Mit der *Kudensee-Fähre* auf das andere Kanalufer wechseln

11 Von der Fähre aus auf *Hauptstraße* fahren, dann auf *Taterphal* (später *Blangenmoorer Straße*) abbiegen und dem Straßenverlauf bis nach Brunsbüttel folgen

Allgemein: Manchmal sind einzelne Abschnitte der Betriebswege am Kanal gesperrt. Aktuelle Informationen hierzu finden sich unter www.nok-route.de.

Sehenswertes

⛴ Fähren

D *Grünentaler Hochbrücke* – mit Fahrrad passierbar bietet sie weite Ausblicke über den Kanal und die Landschaft

E Kanalmuseum *ATRIUM* – zur Geschichte des Nord-Ostsee-Kanals

F Schleuse Brunsbüttel

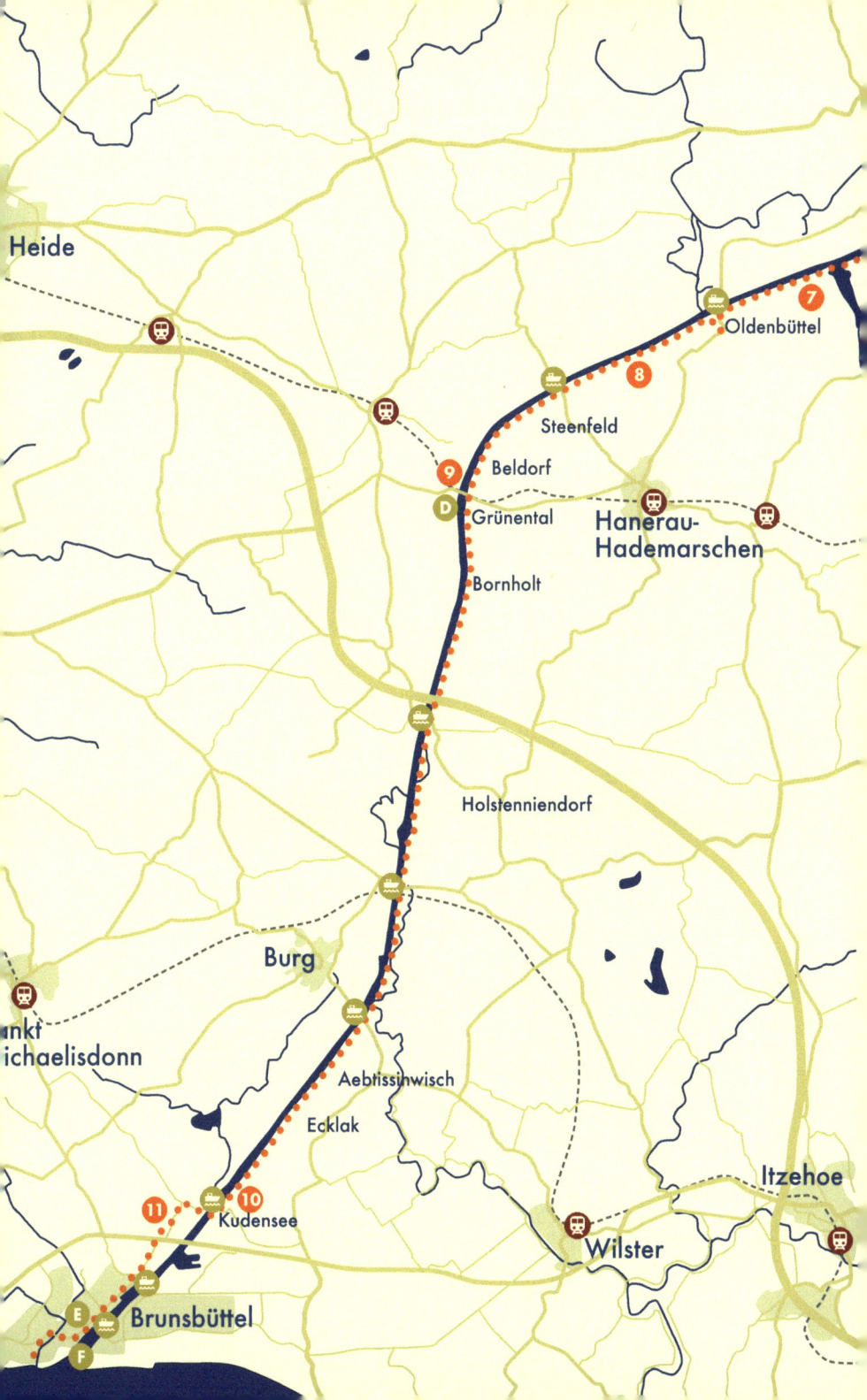

Reisetagebuch Nordostseekanal

Pläne

Es ist Sommer und das merkt man auch. In Kiel liegt Hitze auf den Dächern. Nur ab und zu wird sie von einem leichten Windstoß hinuntergeschubst. Meine Fahrradtaschen sind gepackt. Der Plan steht. Ich werde den Nord-Ostsee-Kanal hinunter und dann die Nordseeküste hinauffahren. Wie weit, das ist noch offen. Vielleicht bis St. Peter-Ording oder Husum. Vielleicht sogar bis Sylt.

morgens

Als ich früh morgens in Kiel auf mein Rad steige, bin ich motiviert. An der Kieler Förde entlang fahre ich zum Nord-Ostsee-Kanal. Der Morgen ist früh und der Tag noch voller Möglichkeiten. Der Fahrtwind: kühl und angenehm.

Rendsburg

In Rendsburg angekommen setze ich mich auf eine Bank am Ufer des Kanals. Vor mir liegen Rasenfläche und ein gepflegter Weg. Hinter mir stehen teure Häuser mit Blick auf den Kanal.

Ein sehr alter Hund geht mit einer noch älteren Frau spazieren. Sie sind so langsam, dass die Zeit kurz den Raum verlässt, um etwas zu erledigen. Hier gibt es nichts zu verpassen. Über dem Kanal spannt sich die Rendsburger Hochbrücke. Ich glaube, sie schläft noch.

Monotonie

Von Rendsburg aus fahre ich weiter auf südlicher Seite den Nord-Ostsee-Kanal entlang. Es ist sehr schön und wahnsinnig eintönig. Da ist der Kanal. Da ist die grüne Böschung. Da ist ein Schiff. Da ist der Weg. Immer gleich. Es geht nie bergauf oder bergab. Hier muss man stetig vor sich hin treten, um voranzukommen. Gleichförmig. Öde. Aber schön.

Auch hier sind nur wenige Menschen am Kanal unterwegs. Vereinzelte Angler stehen am Ufer. Selten Spaziergänger:innen.

Partnerlook

Manchmal Rentnerpärchen auf Fahrrädern. Im Partnerlook versteht sich. Rentnerpärchen in gleichfarbigen Fahrradtrikots. Alles daran ist mir ein Rätsel.

Warum Fahrradtrikots, die aussehen, als hätte man eine Tour-de-France-Etappe vor sich? Warum Partnerlook? Geht es darum, sich an überfüllten Orten in der Menge wiederzufinden? Aber warum dann hier?

Ich frage mich, ob man als Ehepaar in einem bestimmten Alter gleichfarbige Fahrradtrikots vom Staat gestellt bekommt: »Liebe Heidrun, lieber Dieter, alles Gute zu eurem 67sten Lebensjahr. Zum Eintritt in eure wohlverdiente Rente hier wie besprochen eure gleichfarbigen Fahrradtrikots.«

Brunsbüttel

Kurz vor Brunsbüttel entlang einer Landstraße habe ich einen Platten. Das macht nichts. Am Straßenrand stehen Kirschbäume. Sie spenden Schatten und saure Früchte beim Reifenflicken.

In Brunsbüttel endet der Nord-Ostsee-Kanal und gibt den Blick auf die Elbmündung frei. Die Sonne steht hoch am Himmel, das Wasser ist blau und ein leichter Wind kommt mir vom Meer entgegen.

Reisetagebuch Dithmarschen

Ich folge der Küste Richtung Norden. Der Weg führt nordwärts
bald nur noch hinter dem Deich entlang. Der Blick endet
an grünen Deichwänden. Die Felder im Landesinneren
sind groß und eintönig. Ein gleichmäßiger Gegenwind
hat sich eingestellt. Hitze steht auf dem asphaltierten
Weg. Ich kämpfe mich viel zu langsam und mit viel zu
großem Kraftaufwand voran. Ich zerfließe in der Hitze
und sehne mich an den Nord-Ostsee-Kanal zurück. Die
Küste entlangfahren heißt die meiste Zeit hinterm Deich
fahren. Daran hatte ich nicht gedacht.

Der Tag endet auf einem schäbigen Camping-Platz bei Camping
Friedrichskoog. Der Ort ist abweisend und schlecht be-
sucht. Auf einem staubigen Stück Rasen kann ich mein
Zelt aufstellen. Ich bin zu erschöpft, um abends noch
einmal auf den Deich zu steigen. Vielleicht wäre es schön
gewesen. Vielleicht hätte ich das Meer gesehen.

Der nächste Tag beginnt früh. Ich kann es nicht erwar-
ten, diesen Campingplatz zu verlassen, und morgens ist
die Hitze noch nicht so groß. Ich fahre ein Stück entlang
einer Landstraße. Leider einige Kilometer in die falsche
Richtung. Ich frühstücke auf einem blühenden Deich neben Reetdachhäusern. Der Blick reicht weit über blühende Marschen. Um mich herum surren Insekten und
Schwalben.

Zwei Stunden später. Ich sitze auf einer Bank in Büsum. Büsum
Seit dem Frühstück ging es bergab. Leider nicht im geo-
grafischen, sondern im körperlichen Sinne. Die pralle
Sonne setzt mir zu. Meine Beine sind schwer und lustlos.

In meinem Kopf hat jemand zu hämmern begonnen. Mein müder Blick hat es sich in der Fußgängerzone bequem gemacht.

Läden Menschen drängen in Ladengeschäfte und wieder hinaus. Die Läden sehen aus wie in jedem Küstenstädtchen. Ein Geschäft mit Seehunden aus Hartplastik, Hawaii-Blumen-Ketten und Sonnenbrillen. Ein Schaufenster mit Outdoorbekleidung, die sicher nie außerhalb einer Fußgängerzone getragen wird, doch bei dem Preis muss sie wohl gut sein. Man ist ja auch im Urlaub. Man gönnt sich ja sonst nichts.

Meer ist mehr Ein Geschäft trägt bestimmt einen Namen mit Meerwortspiel. Meer ist mehr, Meerfach, Meer für dich, Meer Ruhe, Meer Glück – die Liste ließe sich beliebig fortsetzen. Sorgsam kuratiert findet sich in diesen Läden alles, was man nicht braucht, aber das Leben mit Meer-Gefühl ausstattet. Hier gibt es Meermotive wie Sand am Meer. Und ja, es gibt auch Sand in kleinen Glasgefäßen mit Hanfband und sauberen Muscheln umwickelt.

Nordsee Die Nordsee ist ihrem Wesen nach rau und unrein. Wer ihr zu nahe kommt, wird nass und salzig und sinkt bei jedem Schritt in den weichen Untergrund ein.

Asphalt Büsum hat sich dagegen entschieden. Mit deutscher Gründlichkeit hat man alles versiegelt. Der Weg zum Meer ist asphaltiert. Der Deich ist asphaltiert. Das Ufer ist asphaltiert. Bis ein paar Meter ins Wasser hinein hat man den Boden asphaltiert. Wäre es möglich gewesen, hätte man wohl auch noch den Himmel asphaltiert. Hauptsache alles unbeweglich und kontrollierbar. Abwaschbarkeit ist eine Tugend.

Ich schiebe mein Rad die Fußgängerzone hinunter in Richtung Wasser. Blicke begleiten mich. Ich bin verschwitzt und salzig. Mein Fahrrad beladen und staubig. Ich störe das Bild.

Klischees

Dem norddeutschen Klischee zum Trotz scheint die Sonne weiter unerbittlich. Mit solcher Gewalt drängt sie in die Fußgängerzone, dass man meinen könnte, sie wolle dringend noch etwas Outdoorbekleidung ergattern.

Platten

Ich versuche Büsum zu verlassen. Erfolglos. Ich habe einen weiteren Platten. Ausgerechnet am Hinterrad. Das bedeutet Gepäck abnehmen, Gepäckträger ab- und Hinterrad ausbauen. Auf einem Grünstreifen hinter dem asphaltierten Deich flicke ich den Reifen.

Sonnenstich

Ich setze meine Tour fort. Tatsächlich schaffe ich es aus Büsum heraus. Die Sonne steht inzwischen weit oben am Himmel und spuckt erbarmungslos ihre Strahlen herab. Dank des reflektierenden Asphalts und der stehenden Hitze hinterm Deich fühle ich mich wie in einem Ofengrill. Ich bin gar. Die Euphorie muss ich heute Morgen beim Einpacken irgendwie vergessen haben. Vermutlich liegt sie noch traurig und allein auf der staubigen Wiese des Campingplatzes. Fünf Kilometer hinter Büsum dann der nächste Platten.

Erschöpfung

Ich bin nicht demotiviert, ich bin verzweifelt. Ich bin heute bislang kaum voran gekommen und schon jetzt vollkommen erschöpft. Meine Wasserflasche ist fast leer, das Wasser darin badewannenwarm. Vermutlich habe ich einen Sonnenstich, der Kopfschmerz hämmert. Ich stehe in der prallen Sonne hinter dem Deich und fröhliche Menschen auf E-Bikes fahren an mir vorbei.

Mein Müsliriegel ist klebrig und schmeckt nach Scheitern. Ich schiebe das Rad einen halben Kilometer weiter zum nächsten Quadratmeter, der sich mit viel Wohlwollen gerade so als schattig bezeichnen lässt. Es ist Zeit, um ein bisschen am Telefon zu weinen.

klebrig

Mein Gesprächspartner ist geduldig. Ich solle doch bitte einfach die Tour abbrechen und nach Hause fahren, sagt er. Das hilft. Ich werde trotzig. Ich beschließe zumindest noch die nächsten 25 Kilometer weiter bis Tönning zu fahren. Der Reifen ist ein weiteres Mal ausgebaut und geflickt. Ich sitze wieder auf dem Rad. Eine junge Familie fährt an mir vorbei. Der Vater und das Kind im Fahrradsitz singen *Eine Insel mit zwei Bergen*. Das macht mich ein bisschen glücklich. Ich fahre weiter den Deich entlang und finde es fast schon schön.

Trotz

Kurz vor Tönning überquere ich das Eidersperrwerk. Ein imposantes Bauwerk, das vor Sturmfluten Schutz bietet. Zwischen den leeren Wiesen, Feldern und Deichen plötzlich in der Landschaft auftauchend, wirkt das Bauwerk noch ein bisschen monumentaler, als es wohl eigentlich ist.

Eidersperrwerk

In Tönning angekommen, habe ich noch etwas Zeit, bis mein Zug kommt. Ich beschließe, in der Eider baden zu gehen. An einem Steg spielen Jugendliche. Sie schreien und lachen und versuchen sich ungelenk gegenseitig ins Wasser zu drängen. Sie wirken ein bisschen, als hätten sie ihre neue Körpergröße gerade erst zum Geburtstag bekommen. Sie tragen ihre Körper wie eine neue Mode, die bei anderen gut aussah, in der man sich selbst aber noch

Tönning

nicht zu bewegen weiß. Leider ist sie vom Umtausch ausgeschlossen, kein Rückgaberecht. Vorsichtig klettere ich den Steg hinunter. Ich sinke tief in den weichen Schlamm ein. Erst nach einigen Schritten gelange ich ins freie Wasser. Ich schwimme einige Züge.

Gemessen am Plan ist diese Tour gescheitert. Dies ist kein Ort, an dem ich ankommen wollte. Doch es ist schön hier.

14

Kiel

Kurzbeschreibung

Kiel ist die Landeshauptstadt von Schleswig-Holstein und dabei weder sehr groß noch sonderlich schön. Besonders das Umfeld des Bahnhofs rühmt sich mit einer Auswahl ganz besonders unästhetischer Gebäudeblöcke.

Die Kieler Altstadt besteht gefühlt aus nur drei Häusern und auch das Kieler Schloss ist erst auf den dritten Blick als Schloss zu erkennen.

Kiel ist nicht die schönste Stadt, aber leben lässt es sich hier ausgezeichnet. Das liegt für mich vor allem an der allgemeinen Stimmung und an der Kulturszene. Aber auch einige Orte tragen zur Lebensqualität bei.

Zwei meiner Lieblingsorte in Kiel sind keine Geheimtipps, trotzdem möchte ich sie hier erwähnen: die Kieler Förde und die Veloroute 10. Am Westufer der Kieler För-

de lässt sich von der Kunsthalle bis zum Marinestützpunkt direkt am Wasser radeln oder spazieren. Es gibt Badestellen und Liegewiesen und der Blick über die Förde kann sich immer sehen lassen.

Die Veloroute 10 verläuft weiter im Landesinneren, einmal quer durch Kiel. Der asphaltierte Weg verläuft abseits der Straßen und bietet die Möglichkeit, auch in der

Stadt, zügig und unbeschwert voranzukommen. Wie schön Straßen ohne Autos doch sein können.

Meine Tour führt vom Kieler Hauptbahnhof die Förde entlang und über die Holtenauer Hochbrücke. Nach ei-

nem Abstecher zum Leuchtturm Kiel-Holtenau geht es am Nord-Ostsee-Kanal bis zur Fähre Landwehr und über die Felder zurück nach Kiel.

Eckpunkte

START/ZIEL:	Hauptbahnhof Kiel
DISTANZ:	ca. 36 km
ABKÜRZUNG:	Statt am Nord-Ostsee-Kanal bis zur Fähre Landwehr zu fahren, kann man in Kiel die *Veloroute 10* zurück nehmen (die Strecke ist dann nur ca. 10 km lang)
LANDSCHAFT:	Kieler Förde, Nord-Ostsee-Kanal und Felder rund um Kiel
WEGE:	Promenade an der Kieler Förde, Betriebsweg am Kanal (Betonplatten) und asphaltierte Nebenstraßen

Hinweise zum Weg

① Vom Bahnhof Kiel an der Förde entlang bis ans Ende der *Kiellinie* fahren

② Auf *Feldstraße* abbiegen und über *Prinz-Heinrich-Straße* auf die *Holtenauer Hochbrücke* fahren

③ Für eine kurze Runde durch Kiel (ca. 10 km) die *Veloroute 10* zurück nehmen (dafür über *Mercatorstraße* und *Elendsredder* fahren, auf *Projensdorfer Straße* abbiegen und beim Holstein-Stadion die Zufahrt zur *Veloroute 10* nutzen)

④ Über *Richthofenstraße* und *Kastanienallee* durch *Holtenau* bis zum *Tiessenkai* fahren

⑤ Erst auf *Kanalstraße*, dann auf Betriebsweg am Kanal bis zur *Fähre Landwehr* fahren

⑬ Über *Hofholzallee*, *Hasseldieksdammer Weg*, *Kronshagener Weg* und *Ziegelteich* zurück zum Bahnhof fahren

Sehenswertes

⚓ Fähren

🏊 Badestellen

Ⓐ *Kieler Schifffahrtsmuseum*

Ⓑ *Kunsthalle zu Kiel*

Ⓒ Seehundbecken am *Aquarium Geomar*

Ⓓ *Tiessenkai* – meist von Traditionsschiffen gesäumt

Ⓔ *Leuchtturm Kiel-Holtenau*

Ⓕ Schleusenanlage Kiel-Holtenau

Hinweise zum Weg

6 Dem Betriebsweg aus Betonplatten am Kanal folgen (der Weg ist teilweise in schlechtem Zustand)

7 Alternativ auf dem Radweg an der Landstraße parallel zum Kanal über die Dörfer Altwittenbek und Neuwittenbek fahren

8 Mit der *Fähre Landwehr* auf die andere Kanalseite fahren

9 Durch Landwehr und Strohbrück und weiter Richtung Quarnbek fahren (man könnte alternativ auch den Betriebsweg auf der südlichen Kanalseite zurück fahren)

10 Von *Sturenberg* links auf *Ziegelhofer Weg* abbiegen und dem Straßenverlauf der kurvigen Nebenstraße bis Melsdorf folgen

11 Von *Kählenweg* rechts auf *Dorfstraße*, dann links auf *Kieler Weg* abbiegen

12 Rechts auf *Mettenhofzubringer*, dann weiter auf *Hofholzallee* zurück Richtung Kieler Innenstadt fahren

Sehenswertes

🚢 *Fähre Landwehr*

Reisetagebuch Kiel

Vor einigen Jahren zog ich nach Kiel. Ich belächelte Kiel dabei unentwegt, so wie man es eben tut, wenn man vorher zu lange in Hamburg gewohnt hat.

Großstadt

Kiel ist keine Metropole. Kiel ist zwar eine Großstadt, aber fühlt sich nicht so an. Nicht einmal eine U-Bahn gibt es hier; und schön wird die Stadt erst nach sehr genauem Hinsehen. Trotz meines Spotts wohne ich ausgesprochen gern hier.

Kieler Förde

Meine heutige Tour starte ich am Kieler Hauptbahnhof und fahre parallel zur Förde Richtung Norden. Auf dem ersten Stück Weg kann man nicht direkt am Wasser fahren, weil sich dort einige Schiffsterminals befinden.

Schweden

Vor ein paar Jahren habe ich hier mein Rad auf die Fähre geschoben, um am nächsten Morgen in Göteborg zu erwachen. Zwei Wochen bin ich allein durch Schweden geradelt. Von Göteborg aus fuhr ich die Nordseeküste bis nach Norwegen hinauf, und über einen Bogen durch das Landesinnere, vorbei an dem großen See Vänern, fuhr ich zurück zur Fähre.

Zur Abwechslung ging auf dieser Tour nichts schief. Das ist beachtlich, wenn man bedenkt, dass es bereits mein zweiter Versuch war, in Schweden Rad zu fahren und dass der erste mit einem verbogenen Fahrradrahmen am zweiten Tour-Tag jämmerlich scheiterte.

In Schweden Rad zu fahren ist einfach wunderbar und es wird höchste Zeit, es bald zu wiederholen. Nichts riecht schließlich besser als schwedischer Wald im Sommer.

Heute jedoch zieht es mich nicht auf ein Schiff, sondern weiter die Förde entlang. An der Kunsthalle zu Kiel – die es sich, nebenbei bemerkt, zu besuchen lohnt – fahre auf die Promenade hinunter und folge fortan dem Weg direkt am Wasser. Hier ist Kiel am schönsten. Der Blick auf die Förde lohnt sich jedes Mal aufs Neue, denn der Himmel hat hier stets ein großes Mitteilungsbedürfnis und lässt das Bild bei jedem Besuch in neuem Licht erscheinen. Keine Schattierung von Blau, die mir hier nicht schon begegnet wäre.

Promenade

Der Weg führt am Seehundbecken und den Expeditionsschiffen des Geomars vorbei. Später folgen Liegewiesen und Imbissstände. Auch Badestege und kleine Umkleidekabinen gibt es hier inzwischen.

Seehundbecken

Badestege

Weiter die Kiellinie hinauf weitet sich die Förde und der Blick reicht weit über das Wasser, fast bis nach Laboe. Um auf die andere Seite des Nord-Ostsee-Kanals zu gelangen, kann man auch die Fähre nehmen, aber ich entscheide mich wie immer für die Holtenauer Hochbrücke. Die Anstieg ist zäh, aber der Ausblick lohnt sich. Auf der anderen Kanalseite fahre ich durch Holtenau und hinunter zum Tiessenkai mit seinen kleinen Restaurants und den Traditionsschiffen, die hier meist in der Sonne dösen.

Kiellinie

Tiessenkai

Der Leuchtturm Kiel-Holtenau steht auf einem kleinen Hügel. Um ihn herum blühen Gänseblümchen, Klee und Linden um die Wette.

Leuchtturm

Ich lasse die Förde hinter mir und folge der Straße parallel zum Kanal. Hinter der Schleusenanlage fahre ich auf den Betriebsweg direkt an der Wasserstraße.

Es ist Frühsommer und zu dieser Zeit ist es am schönsten hier. Das Gras steht hoch und der Uferbereich blüht in Weiß und in Gelb. Auf dem glitzernden Wasser sitzen Enten; in den Bäumen an der Böschung sitzt der Wind. Der Nord-Ostsee-Kanal riecht heute ein bisschen algig und fischig. Irgendwie nach Sommer an der Küste.

Ich folge dem Weg unter der Hochbrücke hindurch und bis zur Fähre Landwehr. Den Betriebsweg am Kanal kann man auf diesem Abschnitt auf beiden Seiten nutzen. Die nördliche Seite – auf der ich mich heute befinde – hat den Vorteil, dass es hier einige Cafés gibt, die am Wochenende zu einem Besuch einladen. Die Südseite hat keinerlei Cafés zu bieten, dafür ist der Weg in besserem Zustand.

Die Kanalwege bestehen aus großen Betonplatten und sind hier auf der Nordseite teilweise wirklich in grauenhaftem Zustand. Ich bin heute auf schmalen Rennradreifen unterwegs und steige einige Male ab, um mein Rad über bröckelige Löcher im Beton zu heben.

Alle Fähren über den Nord-Ostsee-Kanal sind kostenfrei und sie zu nutzen fühlt sich immer gleich ein bisschen nach Urlaub an. Als würde man gerade richtig was unternehmen.

Der Weg zurück nach Kiel führt für mich heute über die Dörfer und Felder. Leicht hügelige Landschaft und schmale Asphaltstraßen zwischen den Knicks. Im Gegensatz zum ersten Abschnitt der Tour gibt es hier weder Cafés noch Sehenswürdigkeiten. Nur die Ruhe.

15

Naturpark
Westensee

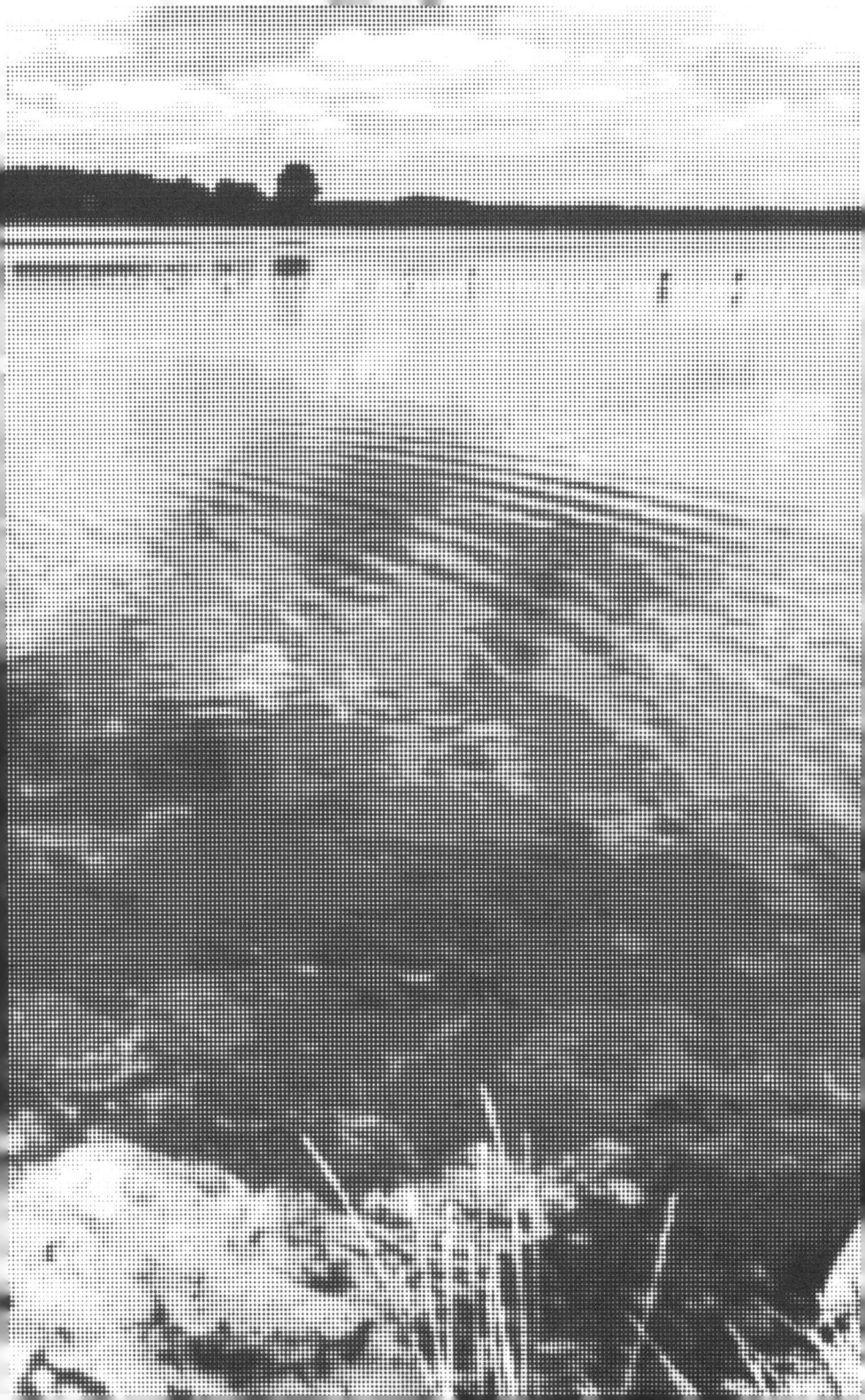

Kurzbeschreibung

Kiel

Wenn man von Kiel aus eine Radtour machen möchte, dann ist eine Tour um den Westensee naheliegend. Im wahrsten Sinne des Wortes. Der Naturpark Westensee beginnt gleich vor der Kieler Stadtgrenze und schmiegt sich mit seinen Feldern, Seen, Wiesen und Wäldern ins ostholsteinische Hügelland.

Strecke

Meine Tour führt aus Kiel hinaus und dann einmal um den See herum. Wer nicht unbedingt in Kiel starten möchte, dem würde ich empfehlen, die Tour am Bahnhof in Felde zu beginnen. Der Weg aus Kiel heraus ist hinnehmbar, aber nicht unbedingt sehenswert. Wer dennoch – wie ich – in Kiel startet, verlässt die Stadt Richtung Westen. Hinter den Hochhäusern von Mettenhof

Felder

endet die Stadt abrupt und große Felder bestimmen fortan das Bild. Während man den Radweg nach Melsdorf hinunterrollt, reicht der Blick weit über die Landschaft.

Fegefeuer

Von Melsdorf fahre ich weiter nach Fegefeuer – das ich mir weniger behaglich vorgestellt hatte – und überquere sowohl die Gleise als auch die Autobahn. Von Schönwohld über Achterwehr und Felde fahre ich nach Westensee und bleibe dabei stets auf dem Radweg an der Landstraße. In Westensee biege ich schließlich auf klei-

Westensee

nere Nebenstraßen ab. Kurz vor Wrohe macht das Hügelland seinem Namen alle Ehre und verwöhnt mit einer langgezogenen Steigung. Es folgt ein Stück Schotterweg durch den Wald. Auf der Rückfahrt steht der direkte Weg über Hassee und Russee oder ein Abstecher zum Frei-

Freilichtmuseum

lichtmuseum Molfsee zur Wahl.

Eckpunkte

START/ZIEL:	Hauptbahnhof Kiel
DISTANZ:	ca. 43 km (ca. 45 km mit Abstecher nach Molfsee)
ABKÜRZUNG:	Am Bahnhof Felde starten und nur um den See fahren (ca. 23 km)
LANDSCHAFT:	Felder, Wälder, See leichte Hügel
WEGE:	Radwege an Straßen und asphaltierte Nebenstraßen
SCHILDER:	Um den See herum kann man den lila Schildern zur Westensee-Tour folgen (Baum-und-Greifvogel-Symbol)

Hinweise zum Weg

①   Vom Hauptbahnhof Kiel auf *Sophienblatt* fahren, dann links auf *Ziegelteich* abbiegen (später geht die Straße in *Exerzierplatz* und *Kronshagener Weg* über)

②   Halb links auf *Hasseldieksdammer Weg* (später *Hofholzallee*) abbiegen; dem Straßenverlauf nach Mettenhof folgen

③   Links auf *Kieler Weg* abbiegen

④   In Melsdorf links auf *Dorfstraße* (später *Quarnbeker Weg*) abbiegen und der Straße aus dem Dorf heraus folgen

⑭   Auf Rückweg über *Rendsburger Landstraße* durch die Stadtteile Russee und Hassee zurück fahren

⑮   Alternativ über *Steinfurther Weg* nach Mielkendorf, weiter nach Rammsee und zum *Freilichtmuseum Molfsee* fahren

⑯   Auf Radweg an *Hamburger Chaussee* zurück nach Kiel fahren

Sehenswertes

Ⓑ   *Freilichtmuseum Molfsee* – Ausstellungen zur Alltagskultur in Schleswig-Holstein mit vielen historischen Gebäuden im Außenbereich

Hinweise zum Weg

(5) Von *Quarnbeker Weg* links auf *Fegefeuer* abbiegen (Gleise und Autobahn überqueren)

(6) Rechts auf Radweg neben *Rendsburger Landstraße* abbiegen und nach Achterwehr fahren

(7) Links auf Radweg an *Klein Nordseer Straße* abbiegen

(8) Dem Straßenverlauf durch Felde und weiter nach Westensee folgen (Radweg an Landstraße)

(9) In Westensee links auf *Dorfstraße*, dann wieder links auf *Am See* abbiegen und dem Straßenverlauf bis Wrohe folgen (kleine asphaltierte Nebenstraße)

(10) In *Wrohe* links auf *Dorfstraße*, dann wieder links auf *Seeweg* fahren

(11) Schotterweg durch den Wald

(12) Auf *Lang´t Dörp* durch Hohenhude fahren, dann links auf *Mühlenweg* abbiegen

(13) Links auf *Schönwohlder Straße* für den direkten Weg zurück nach Kiel, alternativ geradeaus Richtung Molfsee

Sehenswertes

(≋) Badestellen

(A) Schöne Aussicht von Wrohe über den See

16

Schwentine
und
Selenter See

Kurzbeschreibung

Schwentine

Die Schwentine ist einer der längste Flüsse Schleswig-Holsteins und schlängelt sich quer durch die Holsteinische Schweiz, bevor sie in Kiel in die Förde mündet. Meine Tour beginnt am Kieler Hauptbahnhof, von wo aus ich nach Wellingdorf zur Mündung der Schwentine

Waldweg

fahre. Hier biege ich auf den Waldweg am Ufer des Flusses ab und folge ihm bis nach Preetz. Der Uferbereich der Schwentine ist von hohen Bäumen gesäumt und der Weg wartet mit kurzen, aber überraschend steilen Anstie-

Altarm

gen auf. Das Naturschutzgebiet am Altarm der Schwentine zwischen Klausdorf und Raisdorf ist dabei besonders schön.

Abkürzung

Wer eine kürzere Strecke bevorzugt, kann die Tour gut in Preetz beenden und mit dem Regionalzug den Rückweg antreten. Ich fahre von Preetz aus weiter über Rethwisch und Martensrade nach Selent und an den Selenter See.

Nebenstraßen

Der Weg verläuft dabei fast nur auf asphaltierten Nebenstraßen durch die leicht hügeligen, mit Bäumen und Knicks gesäumten Felder.

Selenter See

Am Selenter See kann man links zurück Richtung Kiel abbiegen oder alternativ einen zusätzlichen Schlenker um den See herum antreten. Auf beiden Wegen kommt man

Badestellen

an Badestellen vorbei und hat weite Ausblicke über das Wasser des zweitgrößten Sees Schleswig-Holsteins. Der Rückweg nach Kiel verläuft schließlich durch Fargau, Schlesen und Schönkirchen zurück nach Wellingdorf und weiter zum Kieler Hauptbahnhof.

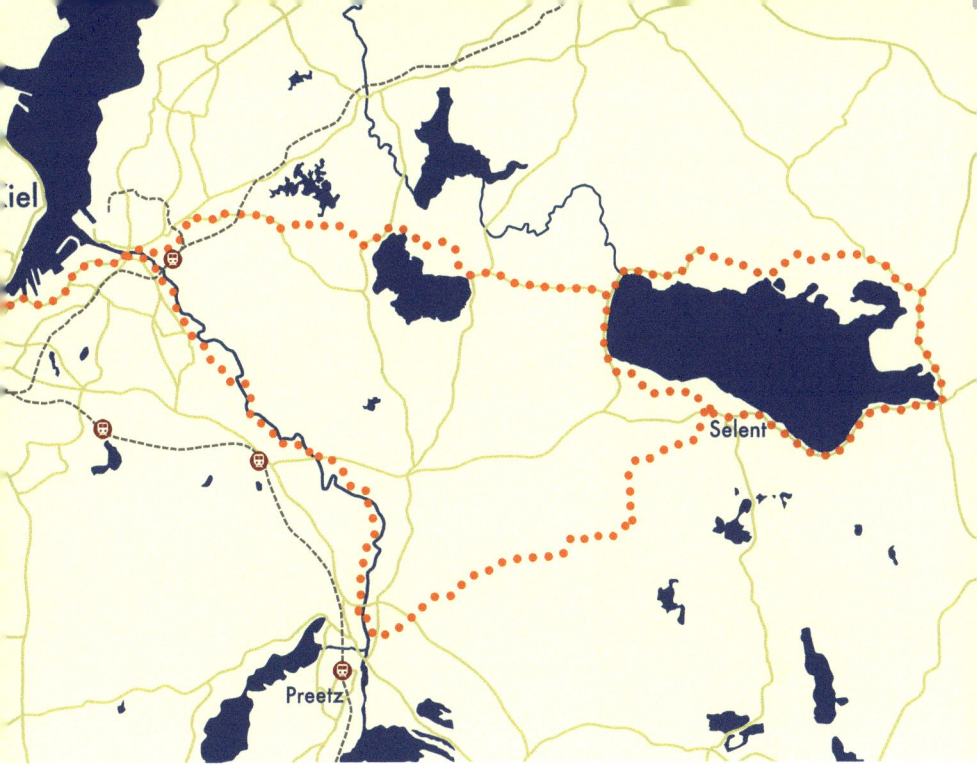

Eckpunkte

START/ZIEL:	Hauptbahnhof Kiel
DISTANZ:	ca. 73 km
ABKÜRZUNG:	Die Tour ließe sich gut halbieren, indem man von Preetz mit der Bahn zurück- fährt oder dort startet. (Alternativ: Die Umrundung des Selenter Sees allein mit ca. 26 km)
LANDSCHAFT:	Felder, Wälder, Seen und leichte Hügel
WEGE:	Waldweg an der Schwentine (teils steile Anstiege), sonst Radwege an Landstraßen und asphaltierte Nebenstraßen

Hinweise zum Weg

❶ Kieler Förde über die *Hörnbrücke* überqueren, dann links über *Gardener Ring* auf *Werftstraße* fahren

❷ Auf dem Radweg an der *Werftstraße* (später *Schönberger Straße*) bis zur Schwentine in Wellingdorf fahren

❸ Auf den Sandweg an der Schwentine fahren; dem Weg lange folgen (kurvig, teils Schotter, teils steile Anstiege)

❹ Bis Schwentinental auf dem südlichen Ufer bleiben

❺ Auf *Rosenfelder Weg* die *Weiße Brücke* überqueren und bis Rastorf am östlichen Ufer fahren

❻ In Rastorf auf westliches Ufer und bis Preetz fahren

❼ Preetz auf *Rethwischer Weg* verlassen

⑯ Nebenstraße, später kleiner Sandweg nach Tökendorf

⑰ In Tökendorf links auf *Dorfstraße*, dann rechts auf *Schönhorster Weg* abbiegen

⑱ Durch Schönhorst und Schönkirchen fahren

⑲ Links auf *Kätnersredder* abbiegen

Sehenswertes

⬤ Badestellen

⬤ Naturschutzgebiete

Ⓐ *Wildpark Schwentine* – ist öffentlich zugänglich und der Wanderweg führt direkt durch den Park hindurch

Ⓑ Preetz – viele historische Gebäude in der Altstadt

Hinweise zum Weg

8 In Rethwisch links auf *Kastanienallee* abbiegen und dem Straßenverlauf folgen (Von Preetz bis Selent vor allem Nebenstraßen ohne Radwege)

9 Links Richtung Martensrade und Selent abbiegen

10 Rechts auf *Selenter Weg* abbiegen bis Selent fahren

11 Selent auf *Fellhusen* (später *Fellhusenredder*) verlassen und parallel zum See nach Fargau fahren

12 Alternativ in Selent rechts Richtung Bellin abbiegen und um den See herumfahren (Zunächst Radwege an der Landstraße, später Nebenstraßen ohne Radwege)

13 In Fargau auf *Dorfstraße* abbiegen und nach Schlesen fahren

14 In Schlesen links auf *Dorfstraße*, dann rechts auf *Redder am See* abbiegen

15 Links Richtung Tökendorf abbiegen (die kleine Nebenstraße führt ein Stück durch den Wald und geht später in einen Sandweg über)

Sehenswertes

Badestellen

Naturschutzgebiete

17

Naturpark Aukrug

Kurzbeschreibung

Aukrug

Der Naturpark Aukrug liegt mitten in Schleswig-Holstein. Meer ist hier nirgends in Sicht, aber die abwechslungsreiche Landschaft kann sich trotzdem sehen lassen.

Landschaft

Heideflächen und Wälder gibt es hier ebenso wie Moorgebiete und Feuchtwiesen. Im nördlichen Teil des Naturparks begegnet man auch der ein oder anderen Steigung und besonders ein Abstecher auf den Boxberg mit seinem Ausblick über Wald- und Heidelandschaft lohnt sich.

Schilder

Auf meiner Tour folge ich der ausgeschilderten *Aukrug-Erlebnis-Tour*. Sie ist mit einem Bauernhaus-Symbol markiert und führt einmal quer durch den Naturpark.

Brokstedt

Kellinghusen

Ich starte am Bahnhof in Brokstedt und fahre durch kleine Waldgebiete und vorbei an Wiesen und Heide nach Kellinghusen. Die Stadt liegt direkt am steil abfallenden Geestrand, weshalb es zur Altstadt auch die *Bergstraße* hinaufgeht. Über einen Wirtschaftsweg geht es von Kellinghusen aus weiter nach Mühlenbarbek. Der Weg verläuft unter großen Bäumen, zwischen denen sich Fenster

Wiesen

öffnen, die weiten Blicke über die flachen grünen Feuchtwiesen erlauben. Richtung Norden führt der Weg weiter durch Wiesen und Wälder, wobei die Landschaft zusehends hügeliger wird. Kurz vor Aukrug mache ich einen

Wälder

Boxberg

Abstecher zum Boxberg, wo ich mein Rad den sandigen Weg hinaufschiebe und den Ausblick genieße. Auf dem Rückweg übersehe ich in Bargfeld leider die richtigen Schilder und fahre deshalb auf dem Radweg an der Landstraße zurück. Schön ist es trotzdem.

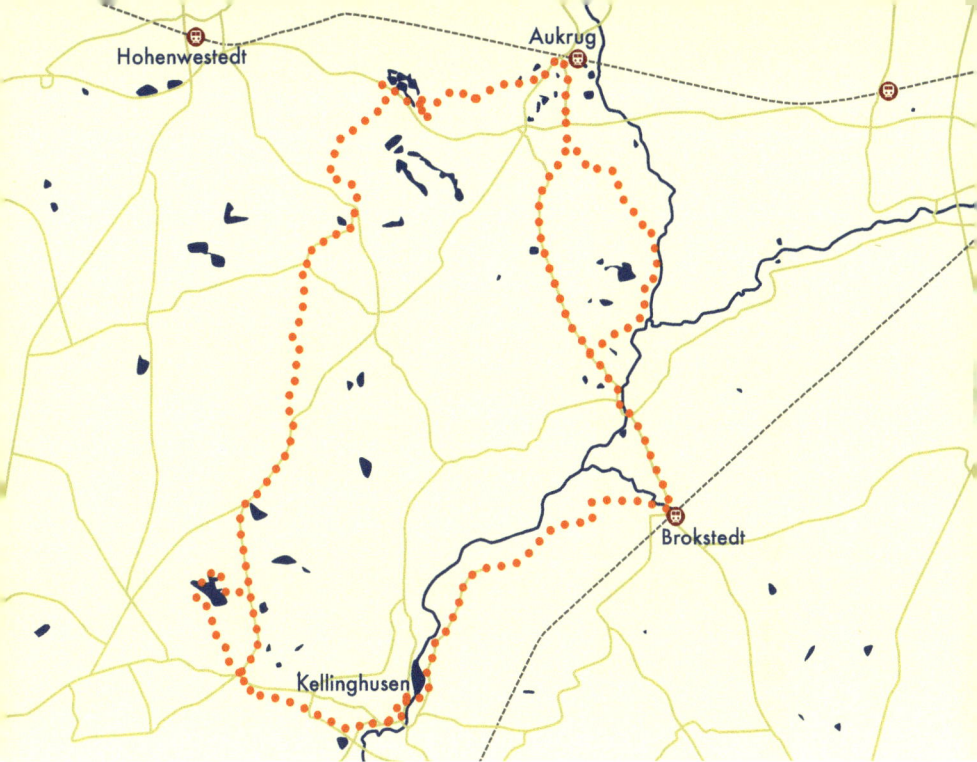

Eckpunkte

START/ZIEL:	Bahnhof Brokstedt
DISTANZ:	ca. 51 km
LANDSCHAFT:	Felder, Wälder, leichte Hügel
WEGE:	Radwege an Straßen, asphaltierte Nebenstraßen und Wirtschaftswege aus Betonplatten
SCHILDER:	Die Aukrug-Erlebnis-Tour ist mit einem Bauernhaus-Symbol markiert
AUSSERDEM:	Weitere ausgeschilderte Touren in der Umgebung finden sich unter www.naturpark-aukrug.com/aktiv-unterwegs/radfahren

Hinweise zum Weg

1 Die Strecke ist mit einem Bauernhaus-Symbol markiert

2 Vom Bahnhof Brokstedt auf *Dörnbek* starten, dann links auf *Sparkassenweg* (später *Dorfstraße*) abbiegen und nach Störkathen und weiter nach Kellinghusen fahren

3 Radwegschildern durch Kellinghusen folgen

4 Ein Stück auf *Breitenberger Straße* fahren, dann links auf kleinen Wirtschaftsweg abbiegen (Weg aus Betonplatten)

5 In Mühlenbarbek auf *Ihlenbek* abbiegen

6 Offizieller Weg mit Schlenker über *Fischzucht Knutzen*

7 Hinter Lockstedt links auf *Waldweg* abbiegen

8 Von Poyenberg über *Meezener Straße* verlassen

9 Meezen Richtung Bucken verlassen

10 Ein Stück Radweg an der Landstraße bis zum *Boxberg*

11 Auf *Bucker Weg* nach Homfeld, dann nach Aukrug fahren

12 Rückweg auf Radweg an der Landstraße

13 Der offizielle Weg verläuft etwas weiter östlich über Sandwege durchs das *Bargfelder Moor*

Sehenswertes

A *Kelllinghusen* – Bergstraße mit historischen Häusern führt hinauf zur Kirche aus dem 12. Jahrhundert

B *Museum Kellinghusen* – gewidmet der Keramiktradition des Ortes

C *Boxberg* – 77 Meter hoch in Heide- und Waldlandschaft

D *Dat Ole Hus* – Museum mit bäuerlicher Wohnkultur

18

Stormarn

Kurzbeschreibung

Stormarn

Nordöstlich von Hamburg liegt der Kreis Stormarn mit seinen Wiesen, Feldern und von hohen alten Bäumen beschatteten Nebenstraßen.

Strecke

Die vorgeschlagene Tour beginnt am Bahnhof in Bargteheide und führt am Ahrensburger Schloss, am Gut Jersbek und am Tremsbütteler Schloss vorbei.

Bargteheide

Von Bargteheide aus verläuft die Strecke auf dem Radweg an der Landstraße bis zum Ahrensburger Schloss. Strahlend weiß, mit spitzen Türmchen und von Wasser umschlossen thront es in seinem Park, als hätte man es aus einem Märchenbuch ausgeschnitten. Tatsächlich passt es in ein Märchenbuch deutlich besser als zur übrigen Architektur in Ahrensburg, die sich vielerorts durch ihren Mut zur Hässlichkeit auszeichnet. Besonders das Ahrensburger Rathaus ist hierfür ein eindrückliches Beispiel.

Schloss 1

Vom Ahrensburger Schloss aus verlassen wir die Stadt gleich wieder Richtung Bünningstedt. Auf Nebenstraßen führt der Weg durch Rehagen und Kleinhansdorf zum Gut Jersbek mit seinem frei zugänglichen Barockgarten.

Gut Jersbek

Von Jersbek geht es unter den Blätterdächern großer alter Eichen auf schönen Nebenstraßen nach Elmenhorst und von dort weiter nach Fischbek und Sattenfelde. Zwischen Rolfshagen und Barkhorst verläuft die Strecke ein Stück über einen Sandweg durch den Wald. Durch Lasbek-Dorf und Lasbek-Gut führt die Route weiter nach

Schloss 2

Tremsbüttel und zum Schloss Tremsbüttel, bevor es zurück nach Bargteheide geht.

Eckpunkte

START/ZIEL:	Bahnhof Bargteheide
DISTANZ:	ca. 46 km
LANDSCHAFT:	Felder, Wiesen und Knicks; große alte Bäume am Straßenrand und das Ahrensburger Schloss, das Gut Jersbek und das Tremsbütteler Schloss liegen auf dem Weg
WEGE:	Radwege an Landstraßen, asphaltierte Nebenstraßen und ein kurzes Stück Waldweg

Hinweise zum Weg

1 Bargteheide auf dem Radweg an der *Hamburger Straße* verlassen; der Straße bis zum *Ahrensburger Schloss* folgen

2 Vor dem Schloss rechts auf *Mühlenredder* abbiegen und über *Tiergarten* auf *Bünningstedter Straße* fahren

3 In Bünningstedt rechts auf *Bramkampredder* abbiegen

4 Rechts auf *Joostredder,* dann links auf *Bünningstedter Feldweg* abbiegen

5 *Alte Landstraße* überqueren und auf *Klein Hansdorfer Straße* (später *Dorfstraße*) nach *Klein Hansdorf* fahren

6 Links auf die kleine Nebenstraße *Glindfeld* abbiegen

7 Links abbiegen und der kurvigen asphaltierte Nebenstraße bis *Jersbeker Straße* folgen

8 Links nach Jersbek abbiegen und zum *Gut Jersbek* fahren

9 Den *Jersbeker Barockpark* durchqueren, dann auf *Oberteicher Weg* (später *Jersbeker Straße*) nach Elmenhorst fahren

10 In Elmenhorst links auf *Bundesstraße* dann rechts auf *Fischbeker Straße* abbiegen

Sehenswertes

🦆 Naturschutzgebiete

A *Schloss Ahrensburg* und historische Schlossmühle

B *Gut Jersbek* mit Barockgarten

Hinweise zum Weg

⑪ Auf *Fischbeker Straße* nach Fischbek fahren

⑫ Halb links auf *Dorfstraße* fahren und Fischbek Richtung Rümpel verlassen

⑬ Rechts auf *Bauernfeld* abbiegen und nach Sattenfelde fahren (Bahnhof Kupfermühle)

⑭ Nach Überquerung der Gleise links auf *Bahnhofstraße* abbiegen und dem Straßenverlauf nach Rohlfshagen folgen

⑮ Rechts auf *An de Sylsbek* abbiegen

⑯ Am Ende des Radwegs rechts auf den schnurgeraden Sandweg im Wald abbiegen und bis Barkhorst fahren

⑰ Rechts auf Radweg an der *Barkhorster Straße* abbiegen und nach Lasbek-Dorf fahren

⑱ Rechts auf *Achterbrook* abbiegen und nach Lasbek-Gut und dann weiter nach Tremsbüttel fahren

⑲ Nach einem Abstecher zum *Trembütteler Schloss* auf dem Radweg neben der *Hauptstraße* zurück nach Bargteheide fahren

Sehenswertes

⑤ Naturschutzgebiete

Ⓒ *Schloss Tremsbüttel*

Reisetagebuch Stormarn

Wiederholung

Stormarn. Nirgendwo bin ich öfter Rad gefahren als hier in der Gegend. Auch als ich schon in Hamburg wohnte und später in Kiel. Es ist schön hier zu fahren. Und noch entscheidender: Mein Vater wohnt hier und er besitzt

Werkzeug

jedes Fahrradwissen und -werkzeug, das ich je brauchte. Auch heute bin ich mit ihm unterwegs. Er hat uns die Tour zurechtgelegt und ist sie zur Probe auch mit meiner kleinen Schwester schon gefahren. Radfahren liegt bei

Familie

uns in der Familie. Unser Vater hat es dort hineingelegt. Eigentlich nicht unbedingt das Radfahren, sondern vor allem die Fahrräder selbst.

Wenn wir unseren Vater besuchen, müssen wir aufpassen, das Haus nicht aus Versehen mit noch einem weiteren Fahrrad zu verlassen. Auch wenn unser Vater gerade kein Fahrrad braucht oder sucht, die Fahrräder finden ihn und dann nisten sie sich bei ihm ein. In

Bastelprojekte

aufbewahrten Einzelteilen, in Bastelprojekten und manchmal auch in fahrtüchtigem Zustand.

Fahrräder, so habe ich es schon als Kind gelernt, kann man nicht nur fahren. Man kann man sie auch einfach besitzen. Mit ihnen lassen sich Keller- und Wohnräume

Möbelstücke

füllen. Fahrräder sind Möbelstück und Inneneinrichtung. Sie sind Knobel- und Geschicklichkeitsspiel, wenn man versucht, ein Problem zu finden. Sie sind Leinwand für ästhetischen Ausdruck; man kann sie verändern und formen. Man kann sie betrachten wie Gemälde an der Wand. Was ist schon ein gemütlicher Wohnraum ohne Fahrrad?

Auf die Frage, wie viele Fahrräder man braucht, antwortet unser Vater: man brauche mindestens vier – ein Mountainbike, ein Rennrad, ein Einkaufsrad und ein Fahrrad für repräsentative Zwecke. Optional ließen sich dann noch ein Bahnhofsrad, ein Lastenrad und einige Oldtimer hinzufügen. Aber mit weniger als vier Fahrrädern sei eine geordnete Existenz schwer vorstellbar, sagt er. Anzahl

Heute sind wir mit Rennrädern unterwegs. Wir verlassen Ahrensburg und fahren auf asphaltierten Nebenstraßen durch Ammersbek und Kleinhansdorf nach Jersbek. Am Anfang einer Tour ist es sinnvoll, sich erst langsam warm zu fahren, bevor man das Tempo erhöht. Wir tun das nicht und bereuen es am nächsten Tag beide. Rennräder

Unsere Route führt uns am Gut Jersbek vorbei. Das Herrenhaus ist in Privatbesitz und nicht öffentlich zugänglich. Der Barockgarten neben dem Gut hingegen schon. Wir schieben unsere Fahrräder über die Sandwege der Parkanlage und ich wundere mich, noch nie hier gewesen zu sein. Ich bin viele Male hier vorbeigefahren und habe diesen Ort dabei immer wieder übersehen. Vermutlich kennen alle Tourist:innen diesen Ort besser als ich. Gut Jersbek

Auf Nebenstraßen fahren wir weiter nach Elmenhorst. Der Weg ist von großen alten Bäumen gesäumt. Löchrige Blätterdächer und leises Rauschen. Daneben große Felder mit Knicks und Dorfnamen wie Fischbek, Sattenfelde und Rohlfshagen. In Lasbek-Gut windet sich die Straße vorbei an Pferdeweiden und Teichen. Alte Bäume und alte Häuser stehen daneben und warten darauf, dass jemand vorbeikommt, um die Kulisse zu malen. Elmenhorst

Blätterdächer

Tremsbüttel

In Tremsbüttel stehen wir eine Weile an dem großen Gittertor vor dem Tremsbütteler Schloss. Wegen Renovierung ist das Gebäude zurzeit geschlossen. Die Fassade ist verhangen, als hätte sich das Gemäuer zu Halloween als Gespenst verkleidet. Vielleicht hat es vergessen, dass noch Sommer ist.

Ahrensburg

Wir fahren weiter nach Bargteheide und folgen der Landstraße nach Ahrensburg zurück. Das Ahrensburger Schloss steht auf seiner Insel und erwartet uns schon. Zumindest bilde ich mir das ein. Das Schloss und ich – wir kennen uns schon.

Schulzeit

Vor ihm bin ich in der Oberstufe durch das Wasser gewatet, um Proben für ein Biologie-Projekt zu sammeln. Hinter ihm haben wir für den Englischunterricht einen Film zu Macbeth gedreht. Wenn Ahrensburg schon dieses eine schöne Gebäude hat, dann muss man es auch nutzen.

Zurück am Haus meines Vaters begrüßen uns die Hunde und die Fahrräder, die nicht mit auf die Tour kommen durften, überschwänglich. Mein Vater zeigt mir noch ein neues Bastelprojekt. Ein paar alte Fahrradteile verstecken sich unbemerkt in meinem Rucksack. Sie finden mich, um sich bei mir einzunisten.

Fahrradteile

19

Elbe bei Wedel

Kurzbeschreibung

Wedel

Westlich von Hamburg und gerade eben noch mit der S-Bahn erreichbar liegt Wedel. Die Stadt grenzt direkt an die Elbe, die hier schon erheblich breiter ist als noch im Zentrum von Hamburg. Am Wedeler Elbufer findet sich die Schiffsbegrüßungsanlage, ein Yachthafen, ein Elb-

Elbdeiche

strand und Elbdeiche, an denen entlang auch unsere heutige Tour verläuft.

Unsere Strecke führt vom Wedeler S-Bahnhof zum Deich hinunter, wo wir auf einen breiten Asphaltweg abbiegen und dem Fluss stromabwärts folgen. Die Elbe sehen wir die meiste Zeit nicht, da der Deich die Sicht ver-

Marsch

stellt. Stattdessen schweift der Blick über die Wedeler Marsch und später über die Haseldorfer Marsch mit ihren Feuchtwiesen, Teichen und Wasservögeln.

Krückau

Vor der Krückau biegen wir ins Landesinnere ab und fol-

Ochsenweg

gen ab Seester einem Teilabschnitt des ausgeschilderten Ochsenwegs zurück nach Wedel. Der 245 Kilometer lange Radfernweg führt von Flensburg bis zur Elbe und folgt dabei einem historischen Handelsweg.

Nebenstraßen

Über kleine Nebenstraßen, vorbei an Kornfeldern und Windrädern, führt unser Weg durch Uetersen, das sich aufgrund seines Rosengartens auch als Rosenstadt bezeichnet. Kurz vor Ende führt unsere Strecke durch die

Wedeler Au

Wedeler Au und auf einem gut befahrbaren Sandweg durch das Naturschutzgebiet Holmer Sandberge mit seinen sandigen Binnendünen und dem duftendem Kiefernwald.

Eckpunkte

START/ZIEL:	S-Bahnhof Wedel
DISTANZ:	ca. 58 km
LANDSCHAFT:	Deiche und Marschlandschaft entlang der Elbe; Felder und Wiesen im Landesinneren, Wald und Sanddünen im Naturschutzgebiet Wedeler Au
WEGE:	Asphaltierte Wege am Deich, asphaltierte Nebenstraßen, Radwege an Landstraßen und ein Stück gut befahrbarer Sandweg durch die Holmer Sandberge

Hinweise zum Weg

1 Vom S-Bahnhof Wedel an die Elbe hinunterfahren und bis zum Fluss Krückau dem asphaltierten Weg hinterm Deich entlang der Elbe folgen

2 Vor dem *Krückausperrwerk* rechts abbiegen und auf Nebenstraßen nach Seester fahren

3 Hinter Seester rechts auf *Klein Sonnendeich* abbiegen (ab hier den Schildern des *Ochsenwegs* bis Wedel folgen)

4 Links, dann rechts auf *Altendeichweg* abbiegen

5 Links auf *Kalkes Weg* abbiegen, dann rechts halten

6 Durch Uetersen den Radwegschildern folgen und die Stadt auf *Moorreger Chaussee* verlassen

7 Den Ochsenweg-Schildern bis nach Holm folgen (alternativ den Radweg an der *Wedeler Chaussee* nehmen)

8 Von *Hauptstraße* links auf *Im Sande*, dann rechts auf *Am Meierhof,* dann wieder links auf *Am Sportzentrum* abbiegen und durch das Naturschutzgebiet fahren (Sandweg)

9 Den Schildern zurück nach Wedel folgen

Sehenswertes

A Badestelle

B Naturschutzgebiete

A *NABU Vogelstation Wedeler Marsch*

B *Rosarium* – Rosengarten mit rund 1000 Rosenarten

Reisetagebuch Elbe bei Wedel

Sommer

Es ist Mitte Juli und der Sommer ist auch am Hamburger Stadtrand angekommen. Meine heutige Tour fahre ich nicht allein, sondern gemeinsam mit Malte. Fahrrad-Malte nenne ich ihn manchmal, wenn ich von ihm erzähle, um ihn von anderen Maltes im Freundeskreis zu unterscheiden. Diesen Namen hat er sich hart verdient.

Kennenlernen

Kennengelernt haben wir uns am Anfang des Studiums. Gemeinsam belegten wir Vorlesungen und Tutorien in Physik. Im Gegensatz zu Malte schmiss ich das Studienfach nach drei Wochen wieder. Physik ging; Malte blieb. Für diese Freundschaft hat der Schlenker im Lebenslauf

Nostalgie

durchaus irgendwie gelohnt.

Als wir uns kennenlernten, waren wir Anfang zwanzig und taten all die Dinge, von denen wir dachten, man müsste sie in diesem Alter tun, um nichts zu verpassen. Wir tanzten zu Livemusik in den Kneipen auf dem Hamburger Berg und wir saßen auf Decken am Elbstrand, aßen Wassermelone und Malte spielte Balu von Kettcar

Balu

auf der Gitarre. Verklärte Erstsemester-Euphorie, die sich in der Rückschau noch um ein paar Lagen Sepia verstärkt.

Eigentlich wollten wir schon längst mal wieder gemeinsam Radfahren. Dieses Vorhaben ist inzwischen auch schon wieder eineinhalb Jahre alt. Es wird also höchste Zeit.

Wir treffen uns in Wedel am S-Bahnhof. Vorbei an einer

Roland-Statue

erstaunlich hässlichen Roland-Statue fahren wir hinunter zur Elbe. Hinter dem Deich verläuft ein breiter Asphalt-

weg. Wir rollen und reden vor uns hin. Schafe grasen ge-
schäftig am Wegesrand oder stehen breitbeinig im Weg
herum. Eine Gruppe Wildgänse spaziert durch das hohe
Gras auf dem Deich.

Mit Malte Fahrrad zu fahren ist immer deutlich anstren-
gender, als es allein zu tun. Es liegt nicht unbedingt an
ihm, sondern eher an der Dynamik, die sich automatisch
zwischen uns entwickelt. Wir schaukeln uns im Tempo
gegenseitig hoch. Wir fahren gar nicht wirklich schnell,
aber immer schnell genug, um am Ende der Tour unan-
gebracht erschöpft zu sein.

Zurzeit sind wir beide nicht sonderlich gut im Training.
Wir erinnern uns wehmütig an frühere Touren und an die
Zeit, als wir Anfang zwanzig waren. Wir sind jetzt um die
dreißig und noch zu jung, um über die Zeiten zu reden,
als wir noch jung waren. Wir tun es trotzdem. Wir üben
schon mal für später.

Der Weg an der Elbe führt die meiste Zeit hinter dem
Deich entlang. Die Elbe sehen wir fast nie, aber wir wis-
sen ja, wie sie aussieht. Es ist heute fast windstill. Das ist
ungewöhnlich. Malte weiß sowas. Er ist lange auf der
Elbe gesegelt und hat den Großteil dieses Sommers auf
einem Traditionssegler verbracht.

Ein paar Kilometer hinter Wedel halte ich an, um auf einen Vogelbeobachtungsturm zu steigen und das Infor-
mationsschild zu lesen. Malte ist fassungslos. So etwas
hätte es auf unseren Touren früher nicht gegeben. Nie
haben wir irgendwo ohne triftigen Grund angehalten.
Und triftige Gründe gibt es eigentlich nur drei: 1. dringender Bedarf nach Wasser, 2. dringender Bedarf nach

Nahrung, 3. wir haben uns verfahren und müssen auf die Karte gucken.

Kurz nachdem wir uns kennenlernten, suchte ich jemanden, der mit mir auf dem Rad von Hamburg in den Schwarzwald fuhr. Die gleiche Tour, die ich auch mit meinem Bruder schon einmal begonnen und vorzeitig abgebrochen hatte. Dieses Mal aus der anderen Richtung, um bei erneutem Abbruch wenigsten einen anderen Teil der Strecke zu sehen.

Schwarzwaldtour

Malte war weit und breit der Einzige, der Lust auf eine solche Tour hatte. So machten wir uns zu zweit auf den Weg. Tatsächlich schafften wir es von Hamburg in den Schwarzwald, auch wenn wir die letzte Tagesetappe, aufgrund eines verstimmten Magens doch mit dem Zug bestreiten mussten. Die Tour war großartig und wahnsinnig anstrengend. Wir fuhren jeden Tag zwischen hundert und zweihundert Kilometer. Wir trugen unsere bepackten Fahrräder über durchnässte Wiesen. Wir hatten Platten und flickten sie am Rhein mit Blick auf den Kölner Dom. Wir fuhren 200 Kilometer an einem Tag und stellten abends fest, dass unser Jugendherbergszimmer im fünften Stock lag und es keinen Aufzug gab. Wir verfuhren uns in Koblenz, weil wir den Rhein mit der Mosel verwechselten und bemerkten es viel zu spät. Wir wurden nassgeregnet. Und wir fanden alles daran großartig – zumindest im Rückblick.

Fahrradfreund

Der Elbe folgen wir heute bis zum Krückau-Sperrwerk. Vor ihm biegen wir rechts ab, auf eine kleine Nebenstraße zwischen den Feldern. Wir fachsimpeln welche Getreideart hier gerade wächst. Lange Ähren, kurze Ähren,

Krückau

Roggen, Gerste, Weizen? Jedes Mal habe ich es auf's Neue vergessen.

Ochsenweg

Von Seester aus wollen wir dem Ochsenweg zurück nach Wedel folgen. Das gelingt uns nur teilweise, denn wir übersehen jedes zweite Schild. Wir sind es nicht gewohnt,

Schilder

auf Schilder und unsere Umgebung zu achten. Wir haben nie ausgeschilderte Routen genommen, sondern immer die Wege gefahren, die uns laut Karte am schnellsten von A nach B bringen würden. Hauptsache vorankommen und Strecke machen. Die Landschaft können wir auch noch betrachten, wenn wir alt sind. Das redeten wir uns ein, obwohl wir wahrscheinlich damals schon wussten, dass es nicht stimmte.

Schweden

Nach unserer Tour in den Schwarzwald planten wir eine Route durch Schweden, wo Maltes Eltern wohnten. Wir starteten euphorisch und mussten die Tour am zweiten

Scheitern

Tag mit großer Ernüchterung abbrechen. Kurz vor dem Ende der Tagesetappe verheddterte sich mein Schaltwerk in den Speichen und ich verbog meinen Fahrradrahmen, sodass an eine Weiterfahrt nicht zu denken war. Stattdes-

Paddeln

sen gingen wir dann eine Woche paddeln und wir taten es, wie wir auch Rad fuhren: zügig und voller Ungeduld. Als wir heute zurück nach Wedel kommen, sind wir nassgeschwitzt wie früher, aber die Ungeduld ist ein bisschen leiser geworden. Daran müssen wir uns erst noch gewöhnen.

Erwachsen-
werden

Aber mit dem Erwachsenwerden ist es wie mit dem Radfahren: Man kann es gut gemeinsam tun.

20

Ratzeburg

bis

Hitzacker

Kurzbeschreibung

Ratzeburg

Ratzeburg ist eine Kleinstadt südlich von Lübeck und liegt zwischen dem Ratzeburger See und dem Küchensee. Die historische Altstadt befindet sich auf einer kleinen Insel, die nur über drei Dämme mit dem Festland verbunden ist.

Naturpark

Die Stadt liegt im Naturpark Lauenburgische Seen, der von großen Waldgebieten, vielen Seen und einer leicht hügeligen Landschaft geprägt ist.

Von Ratzeburg aus führt die Tour Richtung Süden und weiter durch den Naturpark. Auf dem Radweg entlang

Mölln

der Landstraße führt die Strecke nach Mölln. Auch dieses Städtchen kann mit einer historischen Altstadt und einer Lage am Seeufer aufwarten. Von Mölln aus folgen wir zunächst der Landstraße Richtung Süden, bevor wir nach rechts auf eine kleine Nebenstraßen Richtung Besenthal abbiegen.

Alte Salzstraße

Alternativ könnte man in Mölln auch an den Elbe-Lübeck-Kanal fahren und dem Radweg am Kanal bis nach Lauenburg an die Elbe folgen. Zwischen Mölln und Besenthal verläuft ein Stück der Strecke auf einem Schotter-

Wald

weg durch den Wald, ansonsten verläuft die Route bis zur Elbe hauptsächlich auf Nebenstraßen. Kurz hinter Langenlehsten überqueren wir die ehemalige innerdeutsche Grenze und verlassen Schleswig-Holstein. Über Schwanheide geht es weiter nach Boizenburg und ins Biosphä-

Boizenburg

renreservat Flusslandschaft Elbe-Mecklenburg-Vorpommern. Hier fahren wir auf den Elberadweg, dem wir bis

Elberadweg

zur Fähre nach Hitzacker folgen.

Eckpunkte

START:	Ratzeburg
ZIEL:	Hitzacker
DISTANZ:	ca. 84 km
ALTERNATIVE:	Von Mölln bis Lauenburg könnte man auch alternativ am Elbe-Lübeck-Kanal auf der alten Salzstraße fahren
LANDSCHAFT:	Seen, Wälder, Wiesen, Felder und grüne Flusslandschaft entlang der Elbe
WEGE:	Asphaltierte Straßen mit und ohne Radwege, teilweise Sandwege und asphaltierte Wege auf dem Elbdeich

Hinweise zum Weg

1 Die Altstadtinsel nach Westen verlassen und vom *Lüneburger Damm* links auf *Möllner Straße* abbiegen

2 Links auf den Radweg an *Ratzeburger Straße* abbiegen und nach Mölln fahren (Radweg an Landstraße)

3 Rechts auf *Hauptstraße* abbiegen und durch die Möllner Altstadt fahren

4 Links auf *Wasserkrüger Weg* dann halb links auf *Gudower Weg* abbiegen (Radweg an Landstraße)

5 Rechts auf die Nebenstraße *Zum Hellbachtal* abbiegen

6 Sandweg durch den Wald

7 Nach Besenthal und weiter nach Langenlehsten fahren

8 Links nach Schwanheide abbiegen

9 In Schwanheide auf *Nostorfer Straße* verlassen und nach Boizenburg fahren

10 In Boizenburg durch die Altstadt und hinunter zur *Elbe* auf den *Elberadweg* fahren

Sehenswertes

🏊 Badestelle

A *Ratzeburger Dom* – Backsteinbau aus dem 12. Jahrhundert

B Historische Altstadtinsel in Ratzeburg

C Historische Altstadt in Mölln

D *Eulenspiegelmuseum* – gewidmet dem bekannten Narren Till Eulenspiegel

E *Grenzstreifen-Museum* – kleine, frei zugängliche Freilichtausstellung

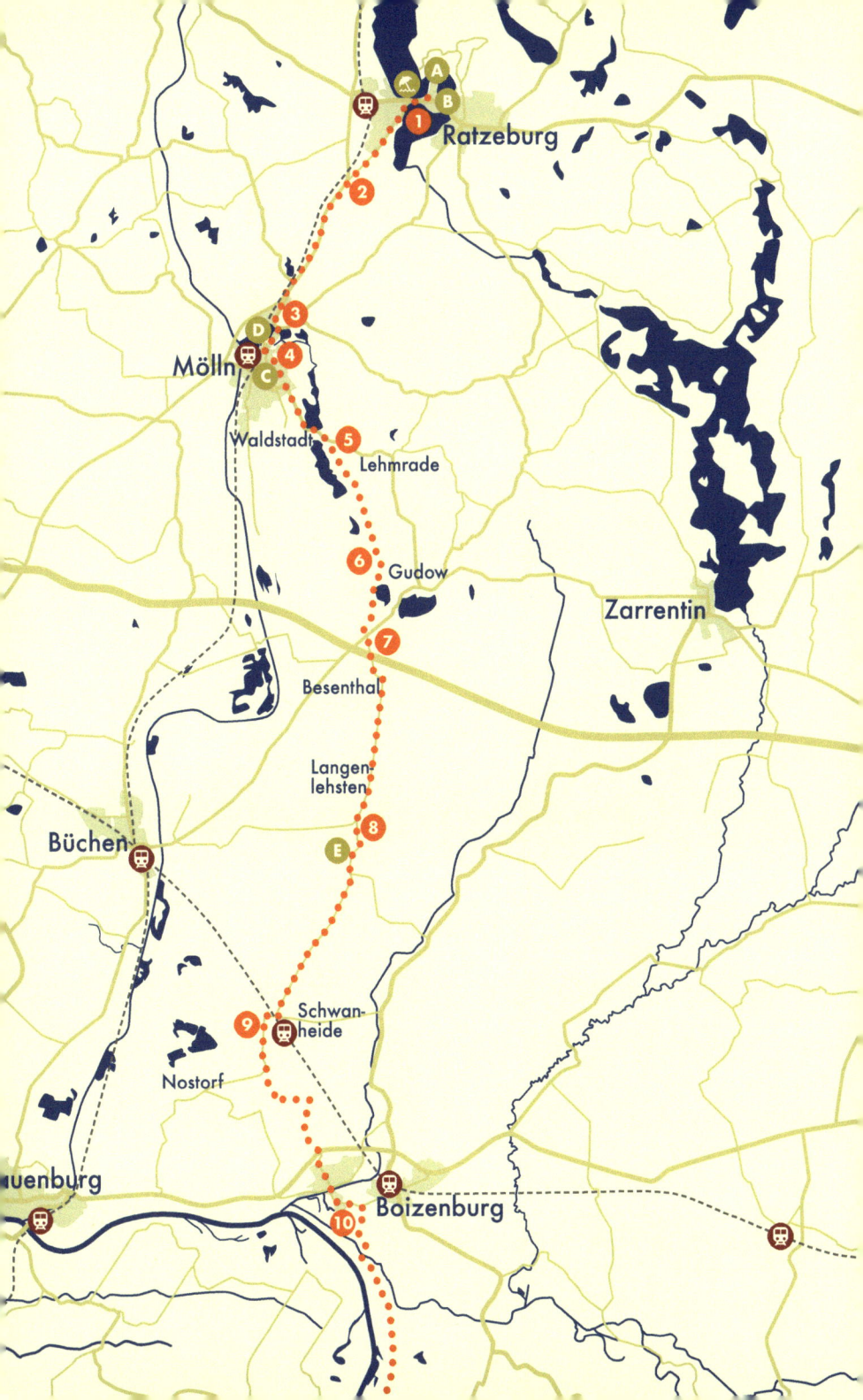

Hinweise zum Weg

⑪ In Boizenburg auf den Elberadweg fahren und dem Weg bis nach Bitter folgen
(Der Elberadweg ist teilweise asphaltiert, teilweise handelt es sich um gut befahrbare Schotterwege)

⑫ Bei Bitter die Fähre auf die andere Elbeseite nehmen und nach Hitzacker fahren (Fährzeiten: von April bis Oktober 8.30–9.30 Uhr, 14–15 Uhr und 18–19 Uhr)

Sehenswertes

🚢 Fähren

F *Erstes Deutsches Fliesenmuseum Boizenburg*

G Freilichtausstellung *EinFlussReich*

H Aussichtsturm *Mahnkenwerder*

I *DDR-Grenzturm Popelau Amt Neuhaus* – kleine, frei zugängliche Ausstellung

J Altstadt in Hitzacker

Reisetagebuch Ratzeburg bis Hitzacker

Ratzeburg

Ratzeburg. Der Name dieser Stadt klingt, als würde jemand mit einem Stahlschwamm Rost von einer Tafel kratzen. Der Name trügt. Ratzeburg ist schön. Die Altstadt liegt auf einer hügeligen Insel. Von Wasser umschlossen. Alte Häuschen und ein gepflasterter Marktplatz. Lübeck im Miniaturformat und weniger gut betucht. Restaurants mit Speisekarten von Fischstäbchen bis Pizza Putengyros. La Dolce Vita eben.

Jugendherberge

Wir haben in der Jugendherberge übernachtet. Direkt am Seeufer. Das Gebäude ist neu und gepflegt und scheint Wert auf eine gewisses Krankenhausambiente zu legen. Von Ratzeburg aus brechen wir auf in Richtung Mölln. Wir verlassen die Inselstadt und fahren eine steile und entsetzlich lange Steigung hinauf. Natürlich ist das hier kein Vergleich zu echten Bergen. Anstrengend ist es dennoch. Aus der Höhe fällt unser Blick hinunter auf den

Küchensee

Küchensee. Als Kind waren wir hier manchmal Kanu fahren. Ich weiß noch, dass ich den Namen Küchensee immer wahnsinnig lustig fand.

Sonnenlicht

Wir folgen der Hauptstraße Richtung Mölln. Das Sonnenlicht bricht sich im Grün der Blätter und lässt Schattenspiele auf den Radweg vor uns fallen.

Mölln

In Mölln angekommen machen wir Pause in einem kleinen Park am Seeufer. Wir knien vor einem Blumenbeet und versuchen ein möglichst klischeehaftes Foto der Stadt zu machen. Rote Rosen, dann der See und dahinter die Altstadt vor blauem Himmel. Dieses Foto ließe sich auf jede generische Kiosk-Postkarte drucken. Grell und

vergilbt zu gleich. Alle sollen sehen, dass wir Tourist:innen sind.

Fahrräder Drei sehr kleine Jungen kommen auf Fahrrädern die Straße hinunter. Abgenutzte Kinderfahrräder und gebrochenes Deutsch. Ein paar Meter von uns entfernt halten sie an und beäugen uns neugierig. Sie sind wie gebannt. Unsere großen, bepackten Fahrräder scheinen es ihnen angetan zu haben. Ich lächle ihnen zu. Sie schauen schüchtern zurück. Wir haben etwas gemeinsam: Wir mögen Fahrräder.

Waldweg Hinter Mölln fahren wir ein Stück durch den Wald. Meine Fahrradreifen sind ein bisschen zu dünn für die Waldwege. Ich werde ordentlich durchgeschüttelt. Wir rasten auf der Bank an einer Kreuzung.

Zwei andere Radfahrer kommen vorbei. Der erste trägt einen knallroten Kopf und schnauft wie eine Dampfmaschine. Der zweite folgt mit hundert Metern Abstand. Erst, als der erste anhält und schlecht gelaunt zu warten beginnt, wird deutlich, dass sie gemeinsam unterwegs sind. Wir grüßen, sie nicken.

Grenzgebiet Unser Weg führt weiter Richtung Osten. Hier geht Schleswig-Holstein immer wieder in Mecklenburg-Vorpommern über. Wir fahren mal östlich, mal westlich der ehemaligen Grenze.

Sommerstille Der Sommer liegt hier in dicken Schichten auf der Landschaft. Er ist tief in den Boden eingesickert. Jeder Baum und Strauch hat ihn aufgesogen bis zur Sättigung. Ausgelassene Stimmung beim Wetter, doch keine Menschen weit und breit, die ihm zujubeln würden. Einsamkeit im strahlenden Sonnenlicht.

Wir halten bei einer Gedenkstätte an der ehemaligen Grenze. Ein Stück des ehemaligen Grenzzauns wurde hier sorgsam eingezäunt. Zu Ausstellungszwecken. Hier stehen die beiden Zäune nun in der Landschaft und warten. Doch kaum ein Mensch kommt vorbei. Die Welt scheint sie vergessen zu haben.

Grenzzaun

In Boizenburg, der westlichsten Stadt Mecklenburg-Vorpommerns, machen wir Mittagspause. Boizenburg liegt in der Metropolregion Hamburg, doch kann bislang wenig davon profitieren. Nach der Wende wurde der Stadtkern von Boizenburg gründlich saniert. Jetzt fehlen nur noch Menschen, die kommen, um sich daran zu erfreuen.

Boizenburg

Boizenburg hat sich den Namenszusatz Fliesenstadt gegeben und möchte sich damit touristisch erfolgreicher machen. Da hilft wohl nur noch Daumendrücken.

Fliesenstadt

Wir stellen unsere Fahrräder am Rand des großen, fast menschenleeren Marktplatzes ab. In einer Drogerie kaufen wir hemmungslos Süßigkeiten und zuckrige Getränke. Wir sitzen auf einer Bank am Rande des Marktplatzes und beobachten die wenigen Menschen, die zur Apotheke, zum Optiker oder zum Hörgeräteakustiker unterwegs sind. Ein kleiner Junge beobachtet uns zurück. Neidisch blickt er auf den Haufen Süßigkeiten, den wir vor uns angehäuft haben. Erwachsen müsste man sein.

Marktplatz

Hinter Boizenburg beginnt ein Naturschutzgebiet mit dem griffigen Namen UNESCO-Biosphärenreservat Flusslandschaft Elbe-Mecklenburg-Vorpommern. Marketing kann man hier einfach.

Flusslandschaft

Wir verlassen die Stadt. Die Sonne steht hoch am Himmel; ein leichter Wind folgt uns wie ein Hund. Wir fahren hinunter an die Elbe und sind überwältigt. So schön ist es hier. So kann eine Flusslandschaft also aussehen, wenn man sie nur lässt. Auen, so weit das Auge reicht. Grün vor Blau.

Wir fühlen uns wie in einem Bilderbuch. Enten, Wildgänse, Störche und Hasen. Schwalben fangen Insekten aus der Luft um uns herum. Auf einem Feld sitzen zwei dutzend Rote Milane, als hätten sie sich zu einer Konferenz zusammengefunden. Eine Ringelnatter schlängelt sich über den Radweg. Auf dem blühenden Deich grasen Lämmer. Dahinter Schäfchenwolken am Himmel. So viele Tiere, so viele Arten. Es wirkt fast wie einstudiert.

Als Kind hing ein Bild von Störchen in unserer Küche. Störche weit oben in der Luft in Zugvogelformation. Ich habe noch nie so viele Störche an einem Ort gesehen, dass sie eine Flugformation hätten einnehmen können. Doch hier sehe ich sie. So viel Idyll. Es ist nur schwer zu verkraften.

Am frühen Abend erreichen wir gerade noch rechtzeitig die letzte Fähre auf die andere Elbseite. Die nächste Brücke wäre 20 Kilometern entfernt gewesen. Wie weit das andere Flussufer doch manchmal entfernt sein kann. Die

Fähre nach Hitzacker ist so klein und schmal, dass nur eine Handvoll Fahrräder darauf Platz hätten. Doch wir sind ohnehin fast allein. Wir wechseln die Elbseite. Am Ufer blühende Schafgarbe. Ein sandiger Kopfsteinpflaster-Pfad führt in Richtung Stadt. Wir übernachten im kleinen Hotel *Zur Linde*. Der Inhaber ist so nett, wie es uns das Internet versprochen hat. Morgen geht es weiter elbaufwärts. Ins Blaue.

AUSSERDEM

Radfernwege

Radfernwege in Schleswig-Holstein

1 NORDSEEKÜSTENRADWEG
ca. 389 km in SH

2 OSTSEEKÜSTENRADWEG
ca. 430 km in SH

3 OCHSENWEG
ca. 245 km

4 WIKINGER-FRIESEN-WEG
ca. 170 km

5 EIDER-TREENE-SORGE-RADWEG
ca. 240 km

6 NORD-OSTSEE-KANAL-ROUTE
ca. 325 km

7 VICELINWEG
ca. 100 km

8 MÖNCHSWEG
ca. 340 km in SH

9 ALTE SALZSTRASSE
ca. 70 km in SH

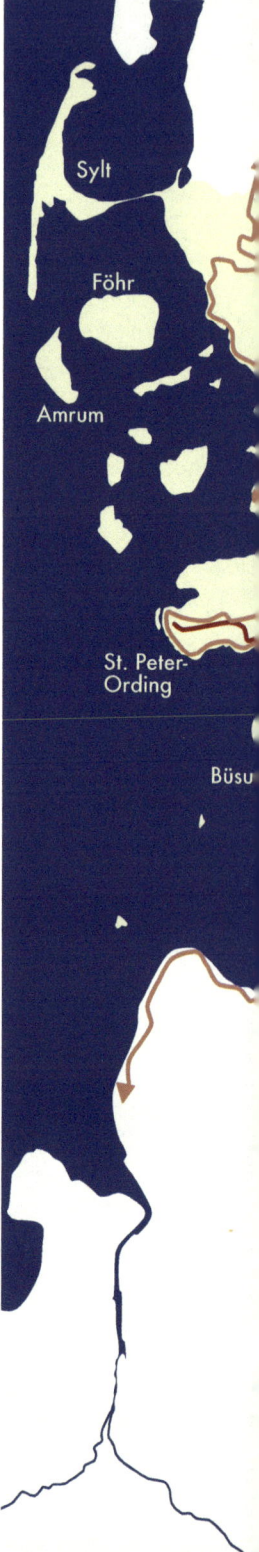

Flensburg

②

③

Husum

④

Eckernförde

⑤

Rendsburg

⑥

Kiel

Fehmann

⑦

Neumünster

Grömitz

Itzehoe

⑧

Lübeck

Elmshorn

Norderstedt

Mölln

HAMBURG

⑨

Blautonsammlung

November-Blau

Anbaden-Blau

Sturm-Blau

Regen-Blau

Sonntags-Blau

Gegenwind-Blau

Nostalgie-Blau

Spaziergehwetter-Blau

Schaumkronen-Blau

Müde-Blau

Westwind-Blau

Schäfchen-Blau

Erstes-Blau

Abend-Blau

Übermut-Blau

Zugvogel-Blau

Ungeduld-Blau

Heimweh-Blau

Fernweh-Blau

Montagmorgen-Blau

Gewitter-Blau

Winter-Blau

Rückenwind-Blau

Nebel-Blau

Ausflugs-Blau

Verfahren-Blau

Handgepäck-Blau

Möwen-Blau

Feuerquallen-Blau

Sturm-Blau

Hafenbecken-Blau

Blau für alle Fälle

Rest-Blau

Unwetter-Blau

Schlagloch-Blau

Planlos-Blau

Mit Illustrationen der Autorin
222 Seiten, Hardcover
ISBN 978-3-96194-253-4
22,00 € (D)

Mit Illustrationen der Autorin
32 Seiten, Hardcover
ISBN 978-3-96194-127-8
12,50 € (D)

Mit Illustrationen der Autorin
36 Seiten, Hardcover
ISBN 978-3-96194-159-9
15,00 € (D)

Mehr zu unseren Büchern unter

www.kjm-buchverlag.de